体验自然 启迪智慧
五大游戏系列 ①

郊野
大发现

[主编] 山田 卓三　[绘] 奥山 英治　[译] 李同华／钟国安

中国农业科学技术出版社

序言

人类认识世界首先是从感觉开始的。我们能看到美景（视觉）、听到可爱的青蛙叫声（听觉）、闻到鲜花的芳香（嗅觉）、尝到海水的咸味儿（味觉）、感到鱼儿滑溜溜难捉难拿（触觉），这些都是五官感觉在起作用。正是依靠五官感觉，才能认知周围的世界。因为有了五官感觉，才使我们的生活变得丰富多彩！尤其对于孩子们来说，感觉器官得到充分刺激，大脑各部分就会积极活跃，孩子自然聪明伶俐。

*

保持五官敏锐感觉对我们身心健康极为重要。但是，不知道你发现了没有，生活在城市的钢筋水泥"丛林"中，我们的五官感觉（视觉、听觉、嗅觉、味觉、触觉）变得越来越弱。正如通过体育锻炼可以增强体魄一样，人的五官感觉也可以通过某些方式的锻炼得到加强。其中的一种方法就是利用传统游戏来培育我们的五官感觉。

*

这套丛书分门别类地介绍了在不同场所或运用不同类型自然素材的各种传统游戏。第1卷原野大发现，帮你与野外的花草、昆虫、泥土交朋友。这些游戏或许都是我们的父辈或祖辈小时候经常玩的，现在就让我们走出家门，努力尝试一下吧！通过在自然中体验而得到的知识，将成为你终生的宝贵财富！

山田 卓三

花草游戏大魔法

1. 葛藤叶爆竹 ········· 4
2. 狗尾草对抗赛 ········· 4
3. 紫罗兰花拔河 ········· 5
4. 草茎也能拔河 ········· 5
5. 能转会飞的紫云英风车 ········· 6
6. 三叶草花环 ········· 6
7. 串草珠儿项圈 ········· 7
8. 石蒜花项链 ········· 7
9. 让水变颜色 ········· 7
10. 戴一支别致的马唐头簪 ········· 8
11. 设计一把另类的马唐伞 ········· 8
12. 从手心爬出的毛毛虫 ········· 8
13. 芦苇猫头鹰 ········· 9
14. 不用怕的葛藤蜈蚣 ········· 9
15. 金棒草投标枪比赛 ········· 10
16. 大自然的乐手——野豌豆响笛 ········· 10
17. 大自然的乐手——看麦娘响笛 ········· 10
18. 大自然的乐手——虎杖竖笛 ········· 11
19. 大自然的乐手——野豌豆响笛 ········· 11
20. 会飞的凤仙花弹子球 ········· 12
21. 紫茉莉降落伞 ········· 12
22. 让苍耳像子弹一样飞 ········· 13
23. 新奇的苍耳胸针 ········· 13

小虫子大世界

1. 用蜘蛛网做天然捕虫网 ········· 14
2. 轻而易举捕蚂蚱 ········· 16
3. 用食饵诱捕蝈蝈 ········· 16
4. 像钓鱼一样钓蚂蚱 ········· 16
5. 趣捉蜻蜓 ········· 17
6. 跟踪蚂蚁 ········· 18
7. 给蚂蚁喂食 ········· 18
8. 捉西瓜虫 ········· 18
9. 蒙骗蚁狮 ········· 19
10. 引诱蚁狮出洞 ········· 19

把虫子带回家
学习饲养小虫子 ········· 20

学会与泥土打交道

1. 挖坑 ········· 22
2. 寻找泥土中的生命 ········· 23
3. 培育土中蕴藏的种子 ········· 23
4. 和泥做泥球 ········· 24
5. 在沙堆上挖隧道 ········· 24
6. 用沙子制作美术明信片 ········· 25

天气变化魅力大

1. 我会变小小彩虹 ········· 26
2. 我还会变大彩虹 ········· 26
3. 风儿助我放风筝 ········· 27
4. 夏日傍晚的天然淋浴 ········· 27
5. 咔嚓咔嚓去踩冰 ········· 28
6. 勇敢地破冰 ········· 28
7. 透过冰柱看世界 ········· 28
8. 投入雪的怀抱 ········· 29
9. 滚雪球、堆雪人 ········· 29
10. 打雪仗 ········· 29

小小图鉴
可以用来拔河的花草 ········· 5
能成为草笛材料的植物 ········· 11
带刺的植物果实 ········· 13
蜘蛛与昆虫有何区别 ········· 15
能发出特殊气味的虫子 ········· 17
蚁狮和蛟蛉 ········· 19
生活在土中的虫子 ········· 23

※游戏后标的 春夏秋冬 表示季节，指适合玩儿此游戏的季节。
指游戏的难易程度：★☆☆（简单）→ ★★☆（中等难度）→ ★★★（较高难度）。

花草游戏大魔法

野外或路旁生长着各种各样的花草，它们虽然不起眼，但却是我们生活中不可缺少的一部分。试试看，你能准确地叫出来它们的名字吗？不只是名字好玩，你还可以试着把它们采回来进行创意加工，那就更有意思了！你会发现这些花草就像魔法师手中的魔术棒，变得神奇起来。不信，你就按下面的方法试试看吧！

1 葛藤叶爆竹　春夏秋冬　★★★

将左手轻握成拳，再把葛藤叶放在拳上，让叶片的中间部分稍微向下凹陷，然后右手掌用力向下拍。"啪"的一声，就像爆竹声一样清脆响亮！

小窍门！ 如果使用嫩叶儿，发出的响声会更清脆悦耳哦。

牵牛花的叶片也能发出响声。你还知道哪些？用各种叶片试一下吧！

2 狗尾草对抗赛　春夏秋冬　★★★

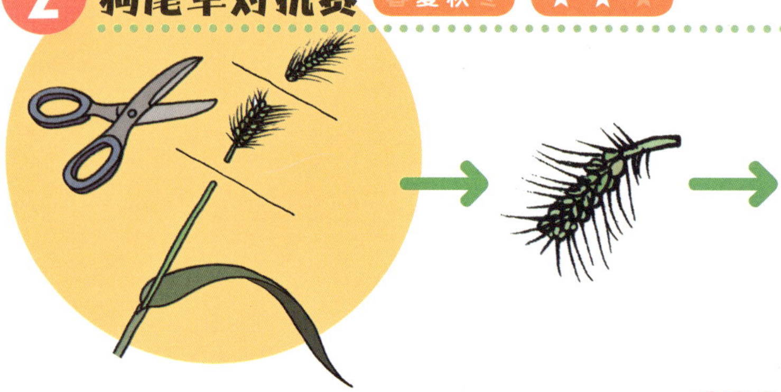

先把狗尾草穗剪成能站立起来的长短，然后在一块木板上画出一个圆形比赛场，把草穗倒立着摆在赛场上。比赛开始：用力敲打木板使其振动，如果对方的草穗倒了或先跑到圈外边去了，那你就赢喽！

小常识！ 长大了的狗尾草按节生长出一根细长的穗来，穗里结了千百颗籽粒，毛茸茸的摇曳在风里，多像调皮的小狗在抖动着尾巴呀，因此人们给它取了个形象的名字叫狗尾草。

花草游戏大魔法

③ 紫罗兰花拔河 春夏秋冬 ★★★

美丽的紫罗兰开花了,采两朵交叉缠在一起,再从两侧拉花茎,就成了有意思的紫罗兰花拔河赛了。看谁的花茎先被扯断,谁就输喽!

使用紫云英花拔河也同样有趣哦。

④ 草茎也能拔河 春夏秋冬 ★★★

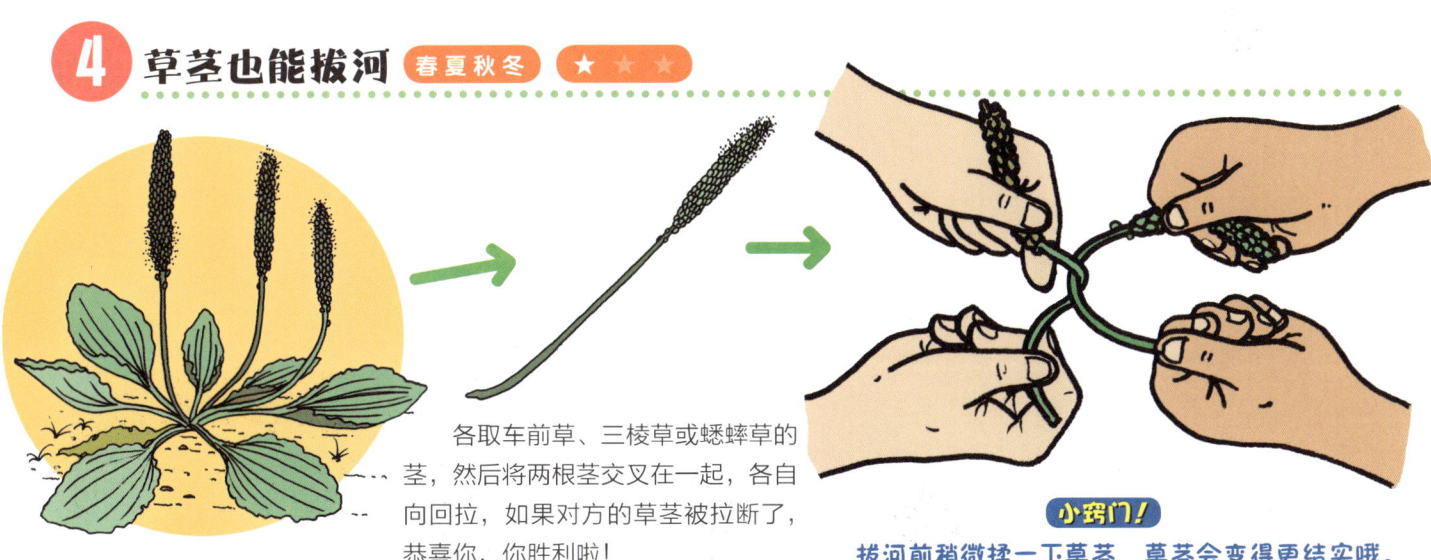

各取车前草、三棱草或蟋蟀草的茎,然后将两根茎交叉在一起,各自向回拉,如果对方的草茎被拉断了,恭喜你,你胜利啦!

小窍门!
拔河前稍微揉一下草茎,草茎会变得更结实哦。

小小图鉴 可以用来拔河的花草

车前草
又叫车轮草,多生长在路旁、河边等人们常经过的地方。它们耐光、耐踩踏,生命力非常强,不仅可药用,还可食用,深受人们喜爱。

蟋蟀草
又叫牛筋草,在田野或路边常见,耐践踏,喜强光。它的根十分发达,匍匐于地下,极力伸长以获取养分。

三棱草
多生长在田地、路边湿地或荒野,秆茎实心、粗壮、无节,呈三棱形。

紫罗兰
原产于欧洲地中海沿岸,是春季花坛里的主要花卉,喜欢生长在阳光温和、通风、排水良好的环境中。紫罗兰种类很多,可达百种。

5 能转会飞的紫云英风车 春夏秋冬 ★★★

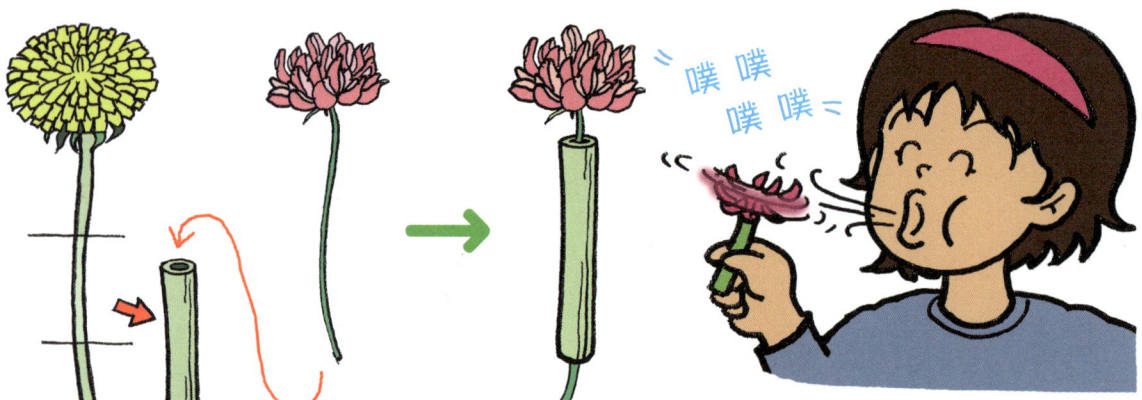

小窍门！
如果从下边吹，就可使花一边旋转，一边飞向空中。

选一根又直又粗的蒲公英花茎，切成2~3厘米长的圆筒。然后把一朵花茎稍长的紫云英花套进去，举起花儿，鼓起嘴巴使劲吹，紫云英的花就像风车一样开始旋转了！

小常识！
由于紫云英开花时的形状像莲花，所以又被称为"莲花草"。孩子们喜欢采集紫云英花儿做成花束、织成花冠或者玩拔河比赛。

6 三叶草花环 春夏秋冬 ★★★

将三叶草的花茎按照顺序编在一起，根据花环大小可做头冠或项圈。要想做得漂亮好看，就要把花茎抻直，并注意最后收好口哦。

小窍门！
因为要一圈一圈地绕，所以尽量选择花开得好、茎又硬又长的三叶草。

小常识！
在过去，玻璃器皿在运送时容易因相互撞击破碎，聪明的人们就把三叶草填充到器皿之间防止其相互碰撞，因此，三叶草又被称为"填充草"、"白车轴草"。你知道吗？三叶草通常只有3片叶子，但大约万分之一的草叶会异化成4片，而传说中长有4片叶子的三叶草会给人带来幸运，还等什么，赶紧去找一找属于你的那株"幸运草"吧！

7 串草珠儿项圈 春夏秋冬 ★★★

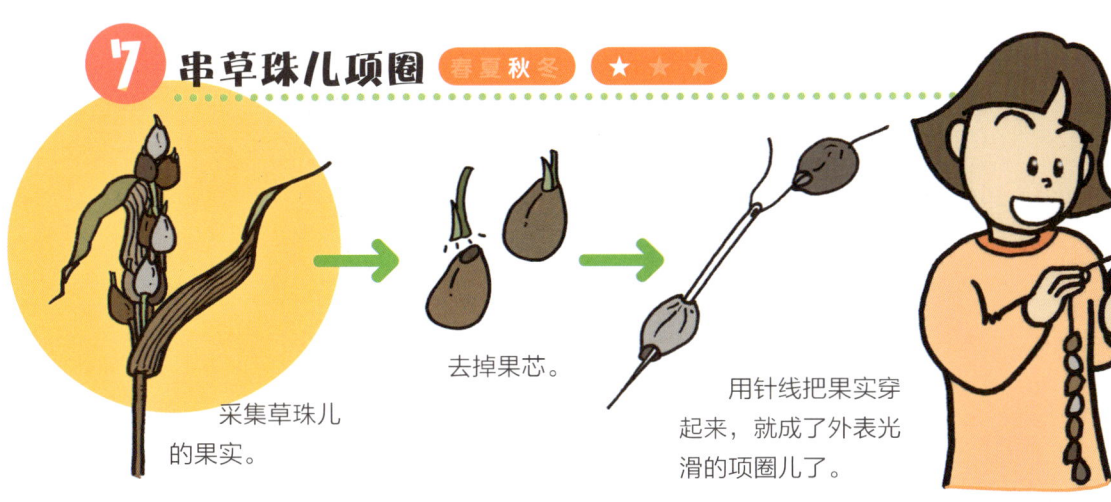

采集草珠儿的果实。

去掉果芯。

用针线把果实穿起来，就成了外表光滑的项圈儿了。

小常识！
草珠儿果实表面呈褐色，坚硬有光泽，中间有孔，类似串珠。收集草珠儿的果实就可根据自己的喜好做项链、手串、脚串等，有的地方还用它来做门帘。

8 石蒜花项链 春夏秋冬 ★★★

花茎的表皮部分要保持完整不断。

选一朵长茎石蒜花，从底部约1厘米处折开，但注意不要折断表皮。再拿着折开的部分，向下拉表皮至约1厘米处，然后以同样的方法折开下一段花茎。这样，在花茎两端重复至一定长度后，最后将花茎的两端系在一起，一条漂亮的带有花坠儿的项链就做成了，赶快戴上试试吧！

注： 石蒜花又被叫作蟑螂花，观赏性较强，但根茎有毒，不可随意食用。红色石蒜花有个好听的名字——曼珠沙华。

9 让水变颜色 春夏秋冬 ★★★

见过榨豆浆或果汁吗？制作彩色水是一样的道理哟！挤压花草的花朵或果实，就可以得到颜色鲜艳的花汁或果汁啦。鸭跖草、牵牛花、紫茉莉等花的汁液可用手指直接挤入装有水的杯子中。但是，垂序商陆等植物的浆果则需要用纱布包上后用力挤压。

小常识！
有些植物（例如垂序商陆）的根茎或者果实有毒，如果误入口中，会引起腹泻、恶心、麻木等反应，所以，在制作彩色水的过程中一定要注意切勿入口哦。

鸭跖草

牵牛花

紫茉莉

垂序商陆

⑩ 戴一支别致的马唐发簪 春夏秋冬 ★☆☆

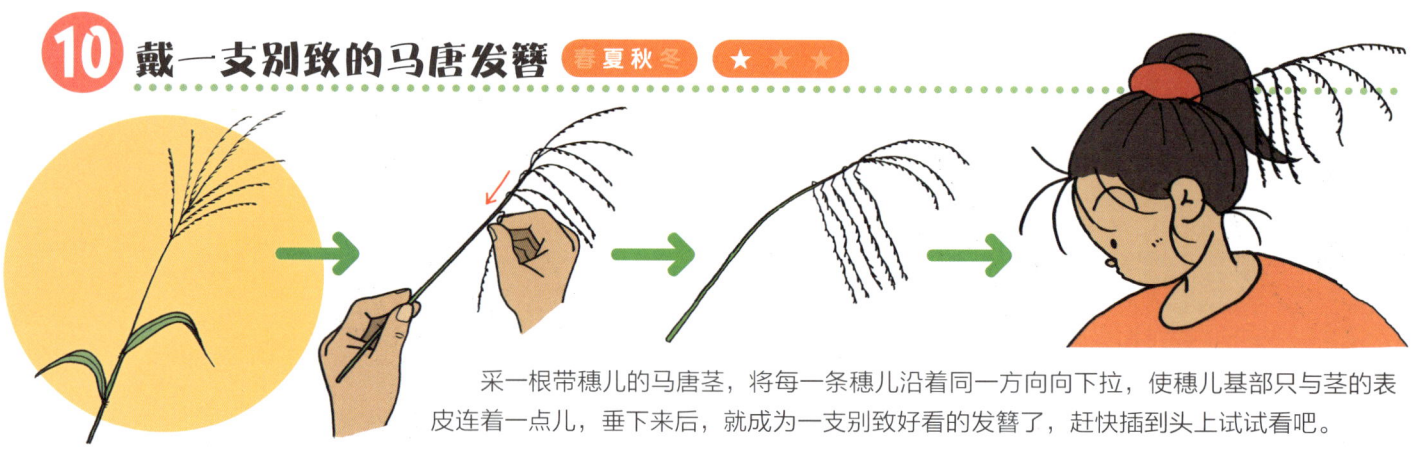

采一根带穗儿的马唐茎,将每一条穗儿沿着同一方向向下拉,使穗儿基部只与茎的表皮连着一点儿,垂下来后,就成为一支别致好看的发簪了,赶快插到头上试试看吧。

⑪ 设计一把另类的马唐伞 春夏秋冬 ★★☆

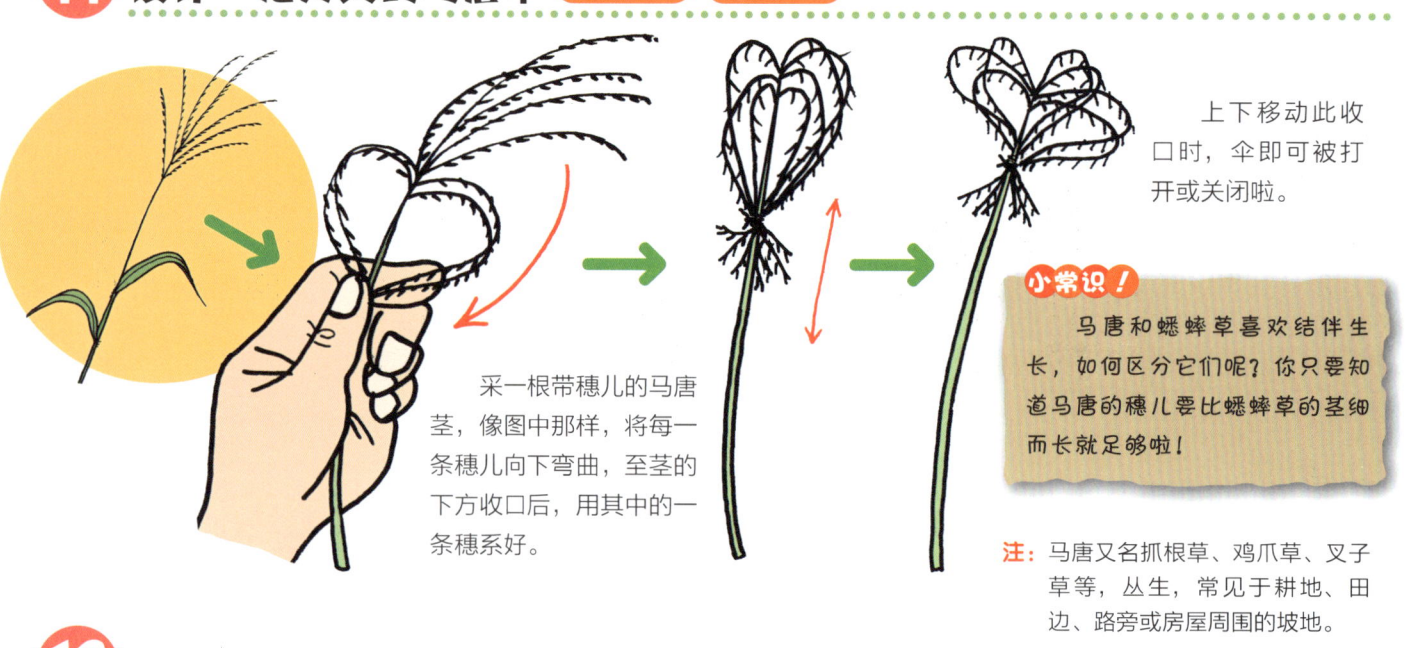

采一根带穗儿的马唐茎,像图中那样,将每一条穗儿向下弯曲,至茎的下方收口后,用其中的一条穗系好。

上下移动此收口时,伞即可被打开或关闭啦。

小常识!

马唐和蟋蟀草喜欢结伴生长,如何区分它们呢?你只要知道马唐的穗儿要比蟋蟀草的茎细而长就足够啦!

注:马唐又名抓根草、鸡爪草、叉子草等,丛生,常见于耕地、田边、路旁或房屋周围的坡地。

⑫ 从手心爬出的毛毛虫 春夏秋冬 ★☆☆

想捉弄一下小伙伴吗?用狗尾草做一只以假乱真的毛毛虫再合适不过了。揪一段狗尾草穗儿,按照图示用手轻轻地握住,然后松开,再握住,再松开,反复进行,不一会儿,狗尾草穗儿就会像真的毛毛虫一样爬出来了。

⑬ 芦苇猫头鹰 春夏秋冬 ★★★

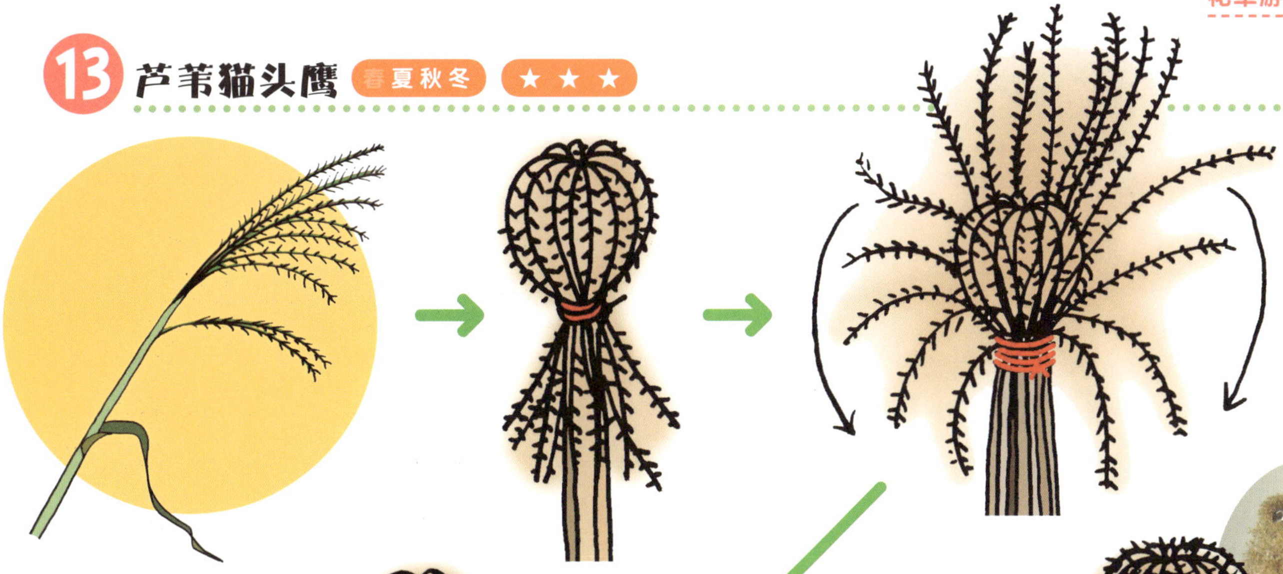

先将芦苇的穗儿依次向下弯曲拢成圆形，然后在其外围再绑上一圈芦苇，也向下弯曲拢成圆形。在纸上画一双炯炯有神的眼睛，剪下来，用胶水贴在上面的圆球上。一只特殊的小宠物就诞生啦！

看上去很神气吧！

⑭ 不用怕的葛藤蜈蚣 春夏秋冬 ★★

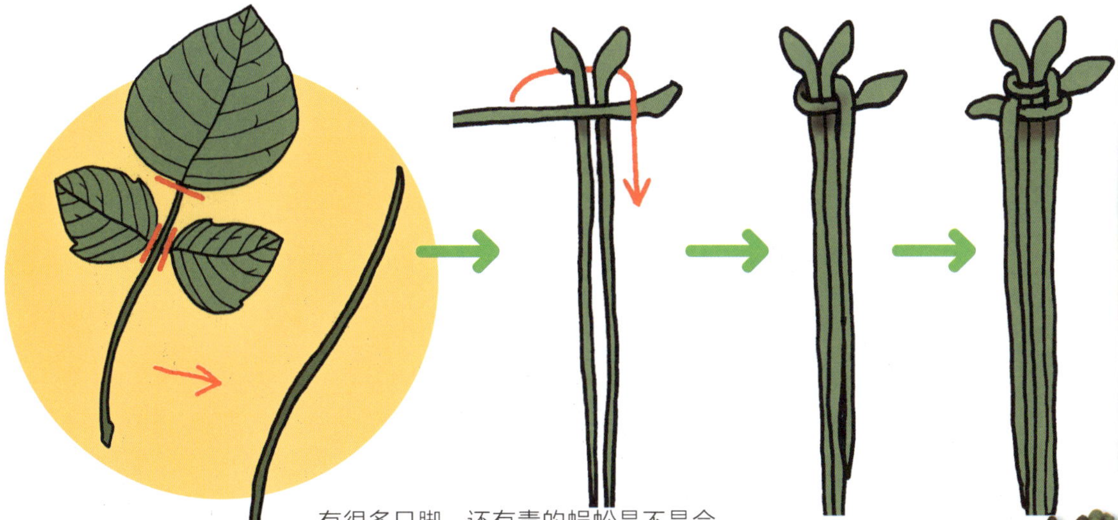

有很多只脚、还有毒的蜈蚣是不是会让你害怕？那么你一定不会害怕这只用葛藤做的蜈蚣。使用葛藤叶柄，按图中所示编下去，就做成一只蜈蚣了。把它放在手心里，摆个很勇敢的 pose 吧！

小常识！

葛藤，属豆科藤蔓类植物，喜温暖湿润的气候，常生长在草坡灌丛、疏林地等处，具有惊人的蔓延力和繁殖力，可以大面积地覆盖树木和地面。葛藤具有药用和食用价值，在古代还被用于制作点心呢。

15 金棒草投标枪比赛 春夏秋冬 ★★★

将金棒草从地上拔下，除保留顶部少许叶片外，其他的叶片全部摘掉。然后手持茎中部，用力向外投，看谁投得远。

小窍门！

如果保留少部分根系，会投得更远哦。

注：金棒草又名"加拿大一枝黄花"，是一种外来有害植物，常被称为生态杀手、霸王花，原产于北美洲地区，主要生长在河滩、荒地、公路两旁、农田边和农村住宅四周。

16 大自然的乐手——野豌豆响笛 春夏秋冬 ★★★

切一段野豌豆的花柄，将一端捏成扁形，放在嘴上，轻轻吹，就可发出笛子一样美妙的声音了。

小窍门！
选择的花柄越嫩，笛声会越响亮哦。

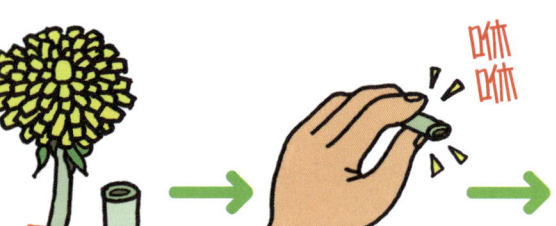

17 大自然的乐手——看麦娘响笛 春夏秋冬 ★★★

折一段看麦娘，去掉麦穗，把留下的叶子轻轻向一边压，用口对着使劲吹，即可发出"呜……呜……"的响声，像风吹竹叶，好听极了！

18 大自然的乐手——虎杖竖笛 春夏秋冬 ★★

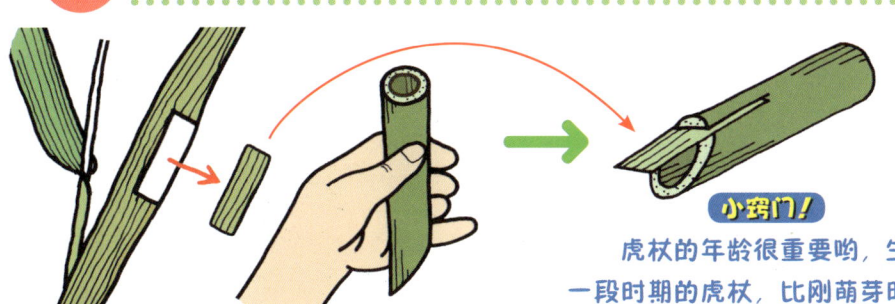

小窍门！
虎杖的年龄很重要哟，生长了一段时期的虎杖，比刚萌芽时的吹出的音乐好听！

先取虎杖节间的一段茎，将一端切成平面，另一端切成斜面，在斜面处按照图示向下切一个小口，将芦苇叶或细竹叶插入其中，再将外露叶子剪成舌状。用嘴巴含住叶片轻轻地吹，即可发出"嘟、嘟……"的笛声，有趣极了。

小常识！
虎杖，又叫"黄地榆"，可食用，味酸，故也称"酸汤杆"。虎杖含有蓼甙、有机酸、葡萄糖苷、多糖等，有清热解毒、清凉解暑、健胃清食的作用。

19 大自然的乐手——野豌豆响笛 春夏秋冬 ★

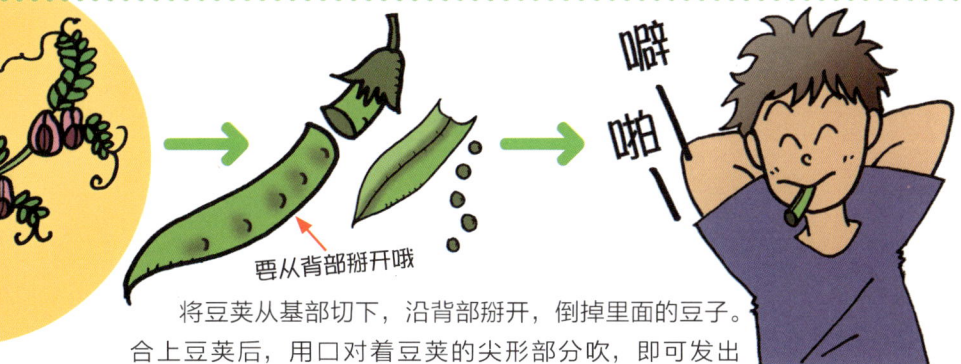

要从背部掰开哦

将豆荚从基部切下，沿背部掰开，倒掉里面的豆子。合上豆荚后，用口对着豆荚的尖形部分吹，即可发出"噼—啪……"的响声，就像太阳把豆荚晒裂了一样。

小窍门！
选豆粒饱满的豆荚效果最好。同时要注意沿豆荚的背部掰开，如果掰反了，可就吹不出声来哦。

小小图鉴 能成为草笛材料的植物

蒲公英
是一种分布广泛的药食常用草本植物，其性平，味甘微苦，有清热解毒、消肿散结等作用。

看麦娘
看麦娘又叫牛头猛、山高粱、道旁谷，生于较湿润的农田或地边，中国各地均有分布。

虎杖
多见于河边，干枯时又轻又硬，适合做拐杖或玩具棍棒。图片中为春天处于幼嫩时期的虎杖。

野豌豆（苕子）
又叫救荒野豌豆、大巢菜，常生长于路旁或原野里。在中国古代诗歌中"长歌怀采薇"中的"薇"指的就是这种野豌豆。

⑳ 会飞的凤仙花弹子球 夏秋冬 ★★★

凤仙花或酢浆草结籽后，轻轻地摘下它们鼓鼓的豆荚，用手指试着弹一下，里面小小的种子就会像弹子球一样跳着飞散出去。

小窍门！
取一些红色的凤仙花瓣，放入少量明矾捣碎，将花浆敷在指甲上，耐心等待它干透再揭下来，你的指甲就会变成漂亮的红色啦！

"嘣" "啪"

比一比赛看谁弹得远吧！

㉑ 紫茉莉降落伞 春夏秋冬 ★★★

摘下一朵完整的紫茉莉花，剥开花托即露出一圆球。从圆球处折开，向上轻拉花柄一下，花托连着一根花蕊，非常像一个小小的彩色降落伞，如果让它从高处飘落，就会旋转而下，既好看又好玩儿。

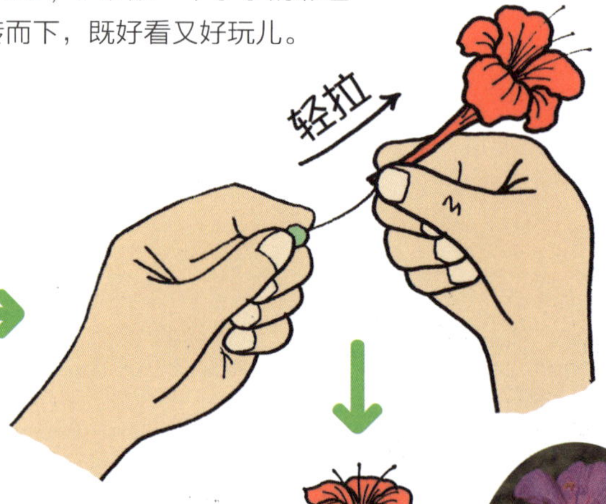

折开　轻拉

小窍门！
用手捻紫茉莉的圆球种子，可从里面挤出洁白的粉状物，它的主要成分是淀粉。这些细腻的淀粉是天然的化妆品，将它涂到小伙伴的脸上或手上，一起玩恶作剧再有意思不过啦。

注：紫茉莉成熟的种子呈黑色，有棱，表面具皱纹，就像一枚小地雷，所以它还有一个形象的名字叫作"地雷花"。

降落伞飘落

㉒ 让苍耳像子弹一样飞 春夏秋冬 ★★★

快跑 哪跑！看你往

采集大量苍耳，把它们当作子弹，往小伙伴的身上弹。如果谁身上被粘上的苍耳最多，那就意味着谁中弹最多，他就输啦！

小常识！

苍耳，又叫苍刺头、毛苍子。如果用放大镜观察一下苍耳的果实，你会发现苍耳的表面有许多小钩刺，因此，当它接触到其他东西时，都喜欢用小钩刺钩住它们。

㉓ 新奇的苍耳胸针 春夏秋冬 ★★★

特别是毛衣等针织服装，更容易被钩上。

小常识！

植物繁衍后代的方式可真有趣！有的是靠风传播种子，有的是通过鸟儿等把种子带到远方，还有的是通过翻转豆荚将种子弹出去……而成熟的苍耳刺果会凭借小钩刺把自己粘到小动物的毛上，跟着它们走到别的地方去。

苍耳就是天然的魔术贴，用它来制作胸针再合适不过了。先把苍耳用粘胶贴在落叶或橡子等你喜欢的东西上，然后就可以粘到衣服上，成为一枚别致的胸针啦。

小小图鉴 带刺的植物果实

苍耳
苍耳柔软的茎、叶可以用来治疗蚊虫的叮咬，大苍耳的果实直径可达2厘米左右。

牛膝
别名土牛膝，生于屋旁、林缘、山坡草丛中，分布于除东北以外的中国广大地区。

毛蓼
毛蓼花的上半部呈红色，下半部呈白色，和庆典活动中常用的彩色纸绳极为相似。种子的顶端生有弯勾刺。

山蚂蝗
又叫藤甘草，因其种子形状与山蚂蝗的脚印相似而得名。果实的表面生有带钩的细毛。

小虫子大世界

你想与小虫子交朋友，更深入地了解它们吗？那首先就要学会捉虫子，除了自然课上我们学的用网捕虫的方式外，其实还有很多更简单、有趣的方法呢！下面就让我们来看一看、学一学吧！

1 用蜘蛛网做天然捕虫网 春夏秋冬 ★★★

瞧，角落里那张蜘蛛网就是制作捕虫网的天然原料，根本就不用特意去买哦！

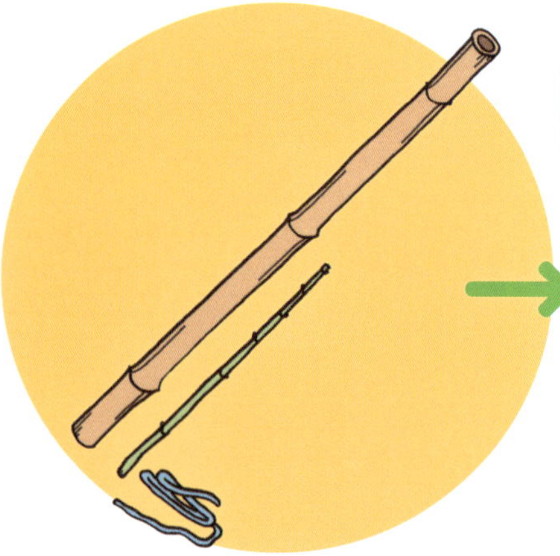

先剪一段长50厘米、直径为3~5毫米的细竹条。

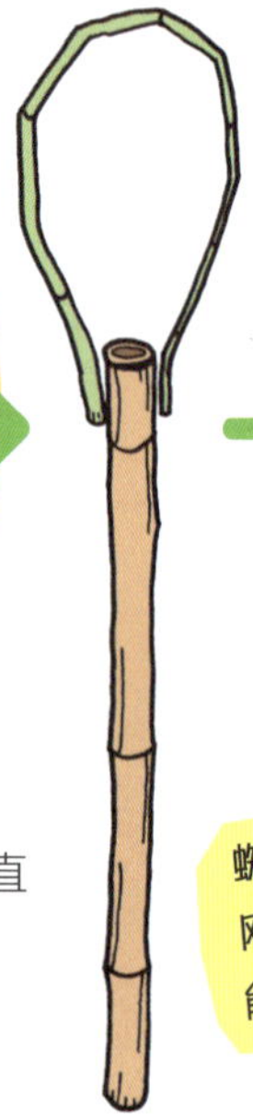

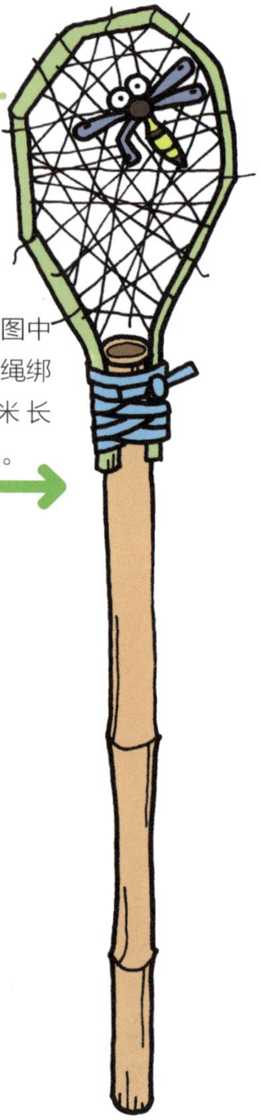

小窍门！
如果没有细竹条，也可用粗一点的铁丝代替。

蜘蛛网做成的捕虫网非常牢固，甚至能捕捉到蜻蜓呢。

再把它像图中所示那样用细绳绑在一根约2米长的竹竿的一端。

最后把从角落里取下的蜘蛛网固定于框架内，一个完整的捕虫网就大功告成了，下面就静等小虫子自投罗网吧！

观察一下！

蜘蛛是如何织网的？

蜘蛛是怎样织出那么漂亮结实、巧夺天工的网呢？让我们仔细观察一下吧！

首先，蜘蛛会寻找一个适当的地方，从身体后部（纺绩器）吐出坚韧的蛛丝，并坠在这条丝上往下垂，随风飘荡。

风吹来时，蜘蛛会顺着风势将蛛丝粘在树的某处。

重复此操作，直至形成网框。

蜘蛛爬到中心位置，向着网框先拉一根蛛丝，然后以此为基础，连续拉出多根从网中心向四周辐射的竖丝。

蜘蛛再爬回中心，由里向外地拉横向的大螺旋丝，作为它进一步施工的脚手架。

蜘蛛蹬着脚手架，由最外围向中心紧密地安置好横向的螺旋丝后，一张精致的蜘蛛网就竣工了。

蜘蛛网中只有横向蛛丝具有黏着力，竖向蛛丝没有黏性。当我们观察蜘蛛捕捉小虫子的过程时，就会发现有趣的事：蜘蛛主要是在没有黏着力的竖蛛丝上活动的，聪明的蜘蛛是多么心灵手巧啊！

小小图鉴 蜘蛛与昆虫有何区别？

仔细观察，就会发现有许多区别哦！

蜘蛛

头胸部
腹部

蜘蛛有8条腿，身体由头胸部和腹部两部分组成。

昆虫

头部
胸部
腹部

昆虫只有6条腿，身体是由头部、胸部和腹部三部分组成的。

2 轻而易举捕蚂蚱 春夏秋冬 ★★☆

蚂蚱可笨啦，它只会朝前跳跃，如果在前方堵住蚂蚱的去路，用帽子或手就能轻而易举地捕捉到它。

小窍门！

捕蚂蚱时，要用两手从两侧包抄，轻轻地抓住它的身躯。

飞蝗

黑尾稻蝗

人们常说的蚂蚱只是蝗虫的幼虫，并不是单独的物种。

3 用食饵诱捕蝈蝈 春夏秋冬 ★☆☆

有谁能禁得住食物的诱惑呢？在金棒草或芦苇草茎的一端，绑上一块洋葱，然后轻轻地伸到蝈蝈的眼前，雄性蝈蝈如果看到了，就会误认为是食物，毫不犹豫地跳上来紧紧抱住。

小窍门！

洋葱块的大小以 3～5 厘米，与蝈蝈的大小相同最适宜，选取外部稍带绿色的部分效果会更好。

4 像钓鱼一样钓蚂蚱 春夏秋冬 ★★☆

把长约 7 厘米、切口为 1.2 厘米 × 1.5 厘米的木块涂黑后，绑在钓绳的前端伸向雄性蚂蚱附近时，它就会跳上来。

东亚飞蝗

小窍门！

用这种方式钓到的都是雄蚂蚱，因为只有雄蚂蚱才会误认为黑木块是食物或雌性同伴而跳到木块上来。

注： 蝗虫咬食植物的叶片和茎，虫害大发生时成群迁飞，把成片的农作物吃成光秆，中国史籍中记载的蝗灾，主要是东亚飞蝗。

⑤ 趣捉蜻蜓 春夏秋冬 ★★★

无霸勾蜓

● "诱饵"法
把绑着苍蝇等诱饵的细绳或钓绳系到钓竿的前端，晃动钓竿，蜻蜓看到了会以为苍蝇在飞呢，趁它飞过来取食时，就能很容易地捉住它了。

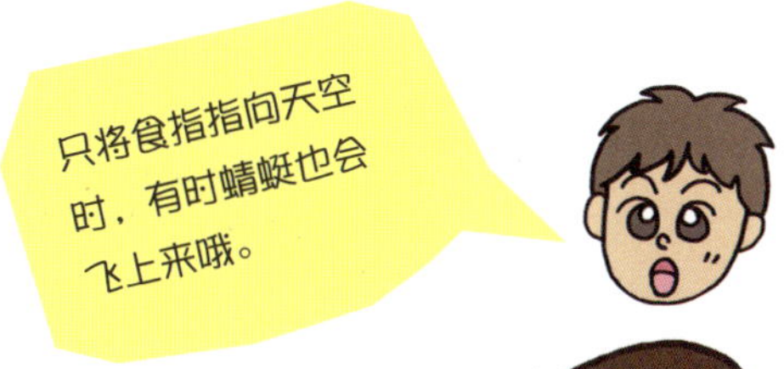

● 食指迷惑法
将食指立到蜻蜓喜欢停留的枝条最上端，蜻蜓就会把食指误当作是枝条而飞来落在上面。这时，悄悄地将拇指向食指靠拢，迅速地与食指一起夹住蜻蜓的腿，就捉住它啦。

只将食指指向天空时，有时蜻蜓也会飞上来哦。

● 划圈智取法
先从离蜻蜓的稍远处用手指慢慢地开始划大圈儿，然后一边接近蜻蜓一边使圈儿逐渐变小，最后划到甚至抚摸它头部它都不在意的时候，就可轻易地捉住它了。想一想，为什么划到最后，蜻蜓会那么老实地待着不动呢？

河边的蜻蜓

小小图鉴 能发出特殊气味的虫子

椿象
又叫臭大姐、放屁虫，以发出难闻的气味而闻名，通常在恐吓敌人或向同伴通报敌情时会发出恶臭气味。

凤蝶幼虫
凤蝶的幼虫有"臭角"，受惊扰时会伸出，发出类似橘子的独特气味。凤蝶在幼虫时候，吃柑橘、山椒等树的叶子，这也是它保护幼蝶有较高孵化率的一个手段。

6 跟踪蚂蚁 春夏秋冬 ★★★

找到一个蚂蚁窝,然后盯住从里面爬出的其中一只蚂蚁,跟踪它直至它返回穴里。

观察蚂蚁的去向及活动,会发现蚂蚁的世界竟是那么有意思!

7 给蚂蚁喂食 春夏秋冬 ★★★

蚂蚁非常喜欢遇到水就能变软的小杂鱼干、果屑、面包或饼干渣等。在蚂蚁窝附近放上这些东西,观察一下蚂蚁会采取怎样的行动。

对于大块的食物,蚂蚁是和它的同伴们一起往回搬运的哦!

8 捉西瓜虫 春夏秋冬 ★★★

小常识!
西瓜虫喜阴暗、潮湿的环境,一般栖息于朽木、腐叶、石块等下面,有时也会出现在房屋(茅草屋)、庭院内。

西瓜虫被捉住后,身体会立即变成圆形,放在手心里会叽里咕噜地滚动,像是被人挠了痒痒,开心地笑着滚着。

小窍门!
虽然西瓜虫名字里也有个虫字,但实际上它并不属于虫类,而是虾和蟹的同类。它的身体上生有许多节,每一节都可脱开,所以身体能变化自如。

❾ 蒙骗蚁狮　春夏秋冬 ★★★

如果把蚂蚁扔到蚁狮的巢穴里，蚁狮就会在洞里直接吃到蚂蚁，而不会爬到洞外来。试着用很细的草茎去捅蚁狮穴的边沿，做得好的话，就会蒙骗蚁狮，让蚁狮以为有猎物出现而出动。

❿ 引诱蚁狮出洞
春夏秋冬 ★★★

小常识！

蚁狮俗称"土牛"、"沙猴"、"沙牛"，是蛟蛉的幼虫。蚁狮的身体颜色和沙土一样，头小，有一对大颚，平常是倒退着走。它会在沙地上一面旋转一面向下钻，在沙土上作成一个漏斗状的陷阱，自己则躲在漏斗最底端的沙子下面，并用大颚把沙子往外弹抛，使得漏斗周围平滑陡峭。当蚂蚁或小虫爬入陷阱时，因沙子松动而滑下，被流沙推进中心，然后蚁狮就用大颚将猎物钳住，并拖进沙里将它吃掉。——对于蚂蚁来说，这个洞穴真像一个地狱啊！

用手指一点点儿拭去蚁狮身上的泥砂，便露出了土色的幼虫，这就是蚁狮。

小小图鉴　蚁狮和蛟蛉

蚁狮（蛟蛉幼虫）

在屋檐下等雨淋不到的地方筑成漏斗状的巢穴，蚁狮可在其中生活2~3年。

蛟蛉（成虫）

夏季的夜晚朝着灯光飞来的形似小蜻蜓的虫子，只能存活1个月左右。

把虫子带回家

学习饲养小虫子

学会捕捉各种虫子后，接着让我们来体验一下饲养虫子的乐趣吧！选用什么样的容器好呢？喂他们什么食物呢？在精心饲养它们的过程中，你会与它们建立感情，成为朋友！

蚂蚁

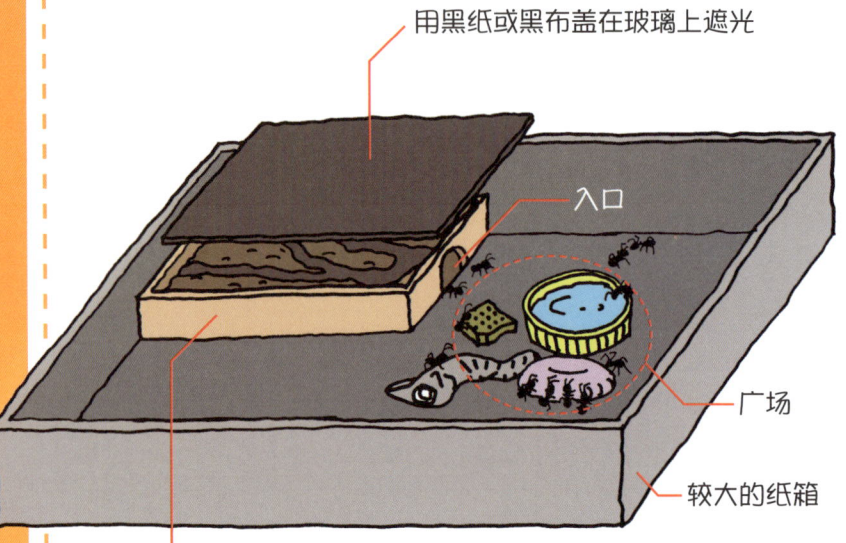

用黑纸或黑布盖在玻璃上遮光
入口
广场
较大的纸箱
较小的扁平无盖的纸盒。泥土下面可用卫生筷或木块等垫上

❶ 先找出一个扁平无盖的小纸盒，在其侧面剪一个入口，再把这个小纸盒放置在大纸箱的一角。在小纸盒里放入1~2厘米厚的泥土，盖上玻璃板，玻璃板上面用黑纸或黑布遮光。

❷ 在大纸箱中放入40只左右的蚂蚁。

❸ 注意不要使泥土变干，还要在广场的一处放一些白糖或死虫子等食饵。

❹ 蚂蚁开始筑穴，搬运食饵。

❺ 打开黑纸或黑布，透过玻璃就可看到穴里的蚂蚁。

● 蚂蚁以气味识别自己的同伴，如果把其他巢穴的蚂蚁放进来时会被杀掉，所以注意不要把其他巢穴的蚂蚁混进来。
● 在室内饲养蚂蚁时，要用玻璃板或透明纤维板盖在大纸盒上。

蚂蚱

空瓶　　黄瓜或茄子的切片　　土（5~10厘米）

❶ 在一个大容器里，放入 5~10 厘米的土，按图所示插入空瓶。

❷ 在瓶里放入水，插上荻草或狗尾草等作为食饵。

❸ 用小棍把黄瓜或茄子片等穿成串，插入土中。

● 人们常把蚂蚱、蝈蝈、金钟儿大体上看作是一类，实际上细分起来，它们应分别属于蝗科、螽（zhōng）斯科和金钟科。

● 因各自所喜欢的食饵、生活场所不同，应分别用不同的容器饲养。

蚂蚱

明亮的白天，在草丛中来回跳动，以食草为生。

蝈蝈

雄虫善鸣，傍晚至夜间出来活动，以吃比自己小的昆虫为生。

金钟

夜间行动，以食用小昆虫或软草的果实为生。

学会与泥土打交道

可别小看和泥、挖土等简单的工作，其中也有许多奥妙和窍门呢。野外、田地和庭院里的泥土各有不同的特征，它们里面也蕴藏了各种"宝物"。还等什么？快开始你的寻宝之旅吧！

1 挖坑 春夏秋冬 ★★★

用手捧一把泥土闻闻看，来自不同地方的泥土气味也是不同的哦。

到庭院或野外选择一个地方挖坑，好像很简单，但实际挖起来，会经常在地下遇到蔓延的树根、草根或大石头等障碍物。还真难挖！

小常识！

泥土不易导热，在地下30厘米的深处，一天中温度几乎不变。70厘米深处，一年中温度可保持恒定。所以在土中会感到冬暖夏凉，这就是为什么那么多动物在寒冷的冬天会选择冬眠了。

学会与泥土打交道

2 寻找泥土中的生命 春夏秋冬 ★★★

把挖来的泥土摊在一张大白纸上,大家努力找一下,看有没有活着的生物在动!

小窍门!
落叶下面的生物最多了,你可以去那里找找看哦。

3 培育土中蕴藏的种子 春夏秋冬 ★★★

抓一把土放入容器里,每天坚持用小喷壶喷水,经过10天左右,看看有没有"宝贝"生长出来?

真是奇妙啊!

小常识!
土里埋藏着各种植物的种子。它们或是被风吹来的,或是被鸟吞食后以粪便的形式丢下的,或是附于动物身体上迁入的,它们潜伏在土里等待着发芽时节的到来!

小小图鉴 生活在土中的虫子

潮虫
体长1厘米左右,与西瓜虫长得很像,但身体不能变成球形,多生活于石头或落叶下面。

蚯蚓
没眼睛和四肢,像一条绳索一样,身体上长有许多环状的节,用皮肤呼吸。

蜈蚣
身体细长,身体上长有多个节,每一节上都生有4条腿。

跳虫
也叫弹尾虫,体长约1~2毫米,能分解枯枝烂叶,使土壤变得肥沃,也被称作陆地上的浮游生物。

* 我们把完全生活于土壤中的动物称为土壤动物,土壤动物食用落叶和枯枝,通过消化而把它们分解后,再返还于土壤,从而改良土壤。

4 和泥做泥球 春夏秋冬 ★★★

试着用在不同地方取的土做泥团，取自不同地方的土，做成泥球的难易度也会不同。特别是含沙及腐叶多的泥土，是很难团成泥球的。加水时注意不要一次加太多，要边加水边试着揉泥团，才能做好泥球，这跟和面是一个道理哦。

小窍门！
黏土（有黏性且很光滑的土）很容易团成球。水田、水池边、山崖处最容易找到它们了，当然有些地方的地下也可以挖出黏土来。

竖一个靶子，对着靶子掷泥球。看谁掷得准！

5 在沙堆上挖隧道 春夏秋冬 ★★☆

先堆一个大沙堆，然后在大沙堆上试着挖隧道。

▶ 隧道的挖法
① 先从一侧小心翼翼地一点点儿地挖出沙子；
② 挖到中央附近时，再从反方向挖。

小窍门！
用干燥的沙子很难堆成大沙堆，用在沙场深处挖出的湿沙或将干沙掺水才能堆成坚固的沙堆。

堆沙堆时，一边堆一边用手"啪啪"地用力拍，沙堆才会比较坚固。

6 用沙子制作美术明信片 春夏秋冬 ★★★

要准备的材料有纸张、铅笔和胶水。首先用铅笔在纸上画好图案，然后在图案上涂上胶水。再把沙子撒在整个纸面上，待干燥后抖掉多余的沙子，一张漂亮的美术明信片就制好了。

小窍门！

如果用毛笔蘸稀胶水画画，可画出更为细腻的图案。另外，筛过的沙子颗粒大小均匀，分别染上各种颜色，干燥后，便可得到漂亮的彩沙。根据自己的喜好选择彩沙作画，做出的明信片会更加绚丽多姿！

小常识！

用放大镜来观察沙子，你就会发现：沙粒本身就是带有各种颜色的小石子，因为沙子本身就是由小碎石或从石头上剥落下的小石粒组成的。

天气变化魅力大

灿烂的阳光、和煦的春风、突如其来的大雨、冰封千里的霜雪……这些大自然馈赠给我们的礼物,你感受到了吗?知道如何跟它们尽兴地玩耍吗?让我们走出去,走进大自然的怀抱,参与其中吧!

1 我会变小小彩虹　春夏秋冬　★★★

在风和日丽的晴天,背对着太阳站好,用小喷雾器向天空喷雾时,一条小小的彩虹就出现在你的眼前啦。七色的光线,多么漂亮呀!

2 我还会变大彩虹　春夏秋冬　★★★

把小喷雾器换成大水管,用手指紧捏水管前端,背对着太阳向空中喷水,一座彩虹桥就出现在空中了。

小窍门!

用手指捏紧水管前端,试着多方位地变换水管的喷射方向。你就会发现:根据握水管的方式、喷水量及喷射方向的不同,形成的彩虹也各不相同,多姿多彩。

③ 风儿助我放风筝 春夏秋冬 ★★☆

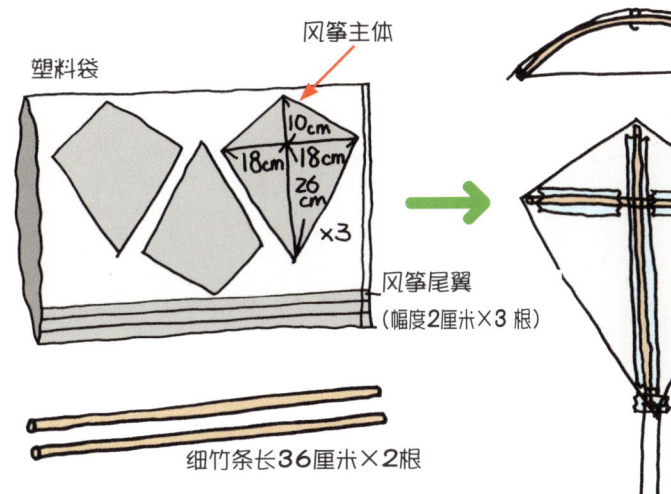

准备好一个大塑料袋、竹签和风筝线，按上图的步骤将塑料袋裁成3片风筝主体和3根风筝尾翼。

按图示尺寸比例把竹条用透明胶贴在风筝主体上，再贴上风筝尾翼。然后在稍微避开横向竹条的地方，将三只风筝串联起来，组成串式风筝。

掌握好风向，顺风势才能把风筝放高放远哦。

④ 夏日傍晚的天然淋浴 春夏秋冬 ★☆☆

在夏季的傍晚突降阵雨时，身着淋湿也无所谓的衣服，冲到外面，淋一下雨试试，真痛快，就像洗淋浴！

小常识！

同样是降雨，但根据降雨方式的不同，可以给降雨起不同的名字。

雷阵雨： 突降的大雨，但会立即雨过天晴。

傍晚骤雨：傍晚突降的大雨或雷阵雨，也会戛然而止。

小阵雨： 也称过云雨，很快会云消雾散。

小窍门！

取一个大塑料袋，在头部和两臂处分别剪成洞，像上衣一样套在身上。如果先在塑料袋上用油性彩笔画上漂亮的图案，再穿上就更漂亮了。

❺ 咔嚓咔嚓去踩冰

冬天寒冷的早晨，如果发现外面结了冰碴，就出去踩踩看，那种咔嚓咔嚓的感觉真美妙啊！

小常识！
冰碴是由土中的水结成冰，冰层继续延伸至地面以上而形成的。形成冰碴需要松软的土壤，如果想冻冰碴，先把土翻松才行。

❻ 勇敢地破冰

冬天的早晨，道路、校园里的积水处容易结冰，如果一下子跳入其中间，用脚踩踏时，"嘎嘣、嘎嘣"，快乐极了！

注意： 一定要确认积水的深度不超过脚面才可以去踩。

❼ 透过冰柱看世界

大的冰柱很危险，所以最好不要靠近它。但是对小冰柱可从基部折下，来比较他们的大小。通过透明而别致的冰柱观察周围时，一个未曾见过的神奇世界便可展现在眼前。

* 有的冰柱边缘非常锋利，最好能戴上手套，要注意安全，不要划破手。

8 投入雪的怀抱 春夏秋**冬** ★★★

冬天下大雪时，勇敢地扑到雪地上试试看，这融融的白雪犹如厚厚的床垫，躺在上面还挺舒服呢！

小窍门！
脸朝雪面趴着可印出自己的脸谱，张开四肢躺着可活脱脱地在雪上复制出自己，最开心不过了！

9 滚雪球、堆雪人 春夏秋**冬** ★★★

团一个小雪团，放在雪地上慢慢地往前滚，雪渐渐地被沾上来，就会成为一个大雪球。滚好一大一小两个雪球后组合在一起，再加工出眼睛、鼻子等，一个可爱的雪人就诞生了。

大家一起滚雪球，就能做成更大的雪人啦。

小窍门！
只沿着一个方向滚动时，滚成的雪球不圆。变换不同方向滚动，才能使雪球又大又圆。

10 打雪仗 春夏秋**冬** ★★★

注意不要击中对方的脸和胸部！

先团出大量雪球，然后在一个宽阔的广场上分成两队，双方用雪团互相攻击，看哪个队实力强，加油！

在"体验自然 启迪智慧"五大游戏系列中能够体验的例子

通过在自然中玩游戏来刺激我们的五官感觉，从而认知周围的世界，丰富我们的生活，尤其对于孩子们来说，感觉器官得到充分的锻炼，大脑各部分就会积极活跃，孩子自然聪明伶俐。

这套丛书介绍了许多在大自然中通过看、听、嗅、尝和触等各种方式来进行的游戏，以触觉为例，通过书中介绍的与动植物等自然环境有关的游戏，小朋友们可以体验到以下的感觉。

感觉	动物	植物	其他
黏滑（黏液）	鲫鱼、泥鳅、海参、小蝌蚪等鱼类和水生动物	裙带菜、海带、果囊马尾藻	黏土、山药块茎
黏胶 粘手		松脂、山药、厥菜等能提取淀粉的根或茎	
光溜 滑溜	鼻涕虫、蜘蛛网	毛毡苔	槲寄生果实的汁液
粗糙 粗涩	草蜥、鲨鱼皮、猫舌	糙叶树、光叶榉树、玉米叶子	沙画
表面溜光	贝壳里面、独角仙、楸形甲虫、金龟子	植物果实、山茶、八角金盘的叶	附着海藻类的岩石
刺痛	海胆	苍耳、仙人掌、栗子的带刺外壳	
轻飘飘 喧腾腾	鸟的胸毛	白茅的穗、蒲公英的冠毛	
坚硬 凸凹不平	小龙虾、龟、海螺	树皮	岩石
干爽爽 沙棱棱			新降的雪、沙
热			日光照射的岩石、海滨沙滩的沙子
凉			雪、冰、冰柱

大自然物种的种类和体验

以动植物为代表的自然物包括石头、土等许多类型。通过各种的自然物可进行如下的体验

体验石头	●投石头 ●堆石头 ●寻找美丽的石头 ●用石头书写 ●在石头上涂画
体验土	●触摸土 ●土的温热和冷凉 ●挖土 ●和泥 ●制作陶器
体验水	●雨水淋浴 ●饮山泉 ●打水仗 ●浮在水面 ●海中游泳 ●过河
体验树	●触摸树 ●闻树的气味 ●收集树叶和果实 ●熟练使用木棒 ●树木 ●竹子 ●用果实做玩具
体验草	●在草丛中散步 ●拔草 ●掐草 ●闻草香 ●食草(吃野菜) ●用草游戏
体验火	●感觉热度 ●闻焦糊味 ●烟气熏人 ●点火 ●保持火种 ●灭火
体验生物	●捉拿 ●触摸 ●闻味 ●饲养 ●观看 ●听声音 ●食用
体验空白	●在黑暗中行走 ●看日出 ●林中行走 ●赏月 ●观看波浪 ●眺望大海

蓝色文字是可以在本卷中可以体验的内容

专家推荐：32件孩子在10岁前应做的事

1. 在草地上打滚	17. 堆雪人
2. 玩泥巴	18. 参加一次"探险"
3. 用面团捏小玩意儿	19. 在院子里露营
4. 采集青蛙卵	20. 烘蛋糕
5. 用花瓣制作"香水"	21. 养小动物
6. 在阳台上种花	22. 采草莓
7. 用硬纸板做面具	23. 玩丢棍棒游戏
8. 用沙子堆城堡	24. 能认出5种鸟类
9. 爬树	25. 捉小虫子
10. 在院子里挖个洞穴	26. 骑自行车穿过泥水坑
11. 尽情作画	27. 做一个风筝并放上天
12. 自己搞一次野餐	28. 用草和小树枝搭一个"窝"
13. 用颜料在脸上画鬼脸	29. 在公园找十种不同的叶子
14. 用沙子"埋住"自己	30. 和人小小地打一架
15. 做面包	31. 种菜
16. 创作一个泥雕	32. 为父母做早饭并摆到餐桌上

*摘自人民网教育频道

图书在版编目（CIP）数据

郊野大发现/（日）山田卓三主编；李同华，钟国安，钟华译.
—北京：中国农业科学技术出版社，2012.9
（体验自然启迪智慧五大游戏系列）
ISBN 978-7-5116-1064-5

Ⅰ.①郊… Ⅱ.①山… ②李… ③钟… ④钟… Ⅲ.①游戏—少儿读物
Ⅳ.① G898-49

中国版本图书馆 CIP 数据核字（2012）第 203451 号

GOKAN WO MIGAKU ASOBI SERIES 1 NOHARA DE ASOBO
© Takuzo Yamada, Eiji Okuyama, KODOMO KURABU.
Originally published in Japan in 2011 by Rural Culture Association Japan
(NOSAN GYOSON BUNKA KYOKAI).
Chinese (in simplified character only) translation rights arranged
through TOHAN CORPORATION, TOKYO.

本书的中文简体版本经日本农山渔村文化协会授权，由中国农业科学技术出版社独家出版发行，本书内容未经出版者书面许可，不得以任何方式或者手段复制传播。

作　　者	山田　卓三（主编）　奥山　英治（绘）
翻　　译	李同华　钟国安　钟　华
出版策划	穆玉红
责任编辑	李　雪
特约审读	张孝安　史咏竹　王小萍　朱　绯
责任校对	贾晓红　范　潇
出版者	中国农业科学技术出版社 北京市中关村南大街 12 号　邮编：100081
团购热线	010-82106626　82109707
电　　话	（010）82106626（编辑室）（010）82109703（发行部）
传　　真	（010）82109707
网　　址	http://www.castp.cn
经　　销	全国各地新华书店
印　　刷	北京富泰印刷有限责任公司
开　　本	850 mm×1 192 mm　1/16
印　　张	2
字　　数	50 千字
版　　次	2012 年 10 月第 1 版　2012 年 10 月第 1 次印刷
定　　价	75.00 元（全五册）

版权所有·侵权必究

体验自然 启迪智慧
五大游戏系列 ②

水边大搜索

[主编] 山田 卓三 [绘] 奥山 英治 [译] 钟国安／钟 华

中国农业科学技术出版社

序言

人类认识世界首先是从感觉开始的。我们能看到美景（视觉）、听到可爱的青蛙叫声（听觉）、闻到鲜花的芳香（嗅觉）、尝到海水的咸味儿（味觉）、感到鱼儿滑溜溜难捉难拿（触觉），这些都是五官感觉在起作用。正是依靠五官感觉，才能认知周围的世界。因为有了五官感觉，才使我们的生活变得丰富多彩！尤其对于孩子们来说，感觉器官得到充分刺激，大脑各部分就会积极活跃，孩子自然聪明伶俐。

*

保持五官敏锐感觉对我们身心健康极为重要。但是，不知道你发现了没有，生活在城市的钢筋水泥"丛林"中，我们的五官感觉（视觉、听觉、嗅觉、味觉、触觉）变得越来越弱。正如通过体育锻炼可以增强体魄一样，人的五官感觉也可以通过某些方式的锻炼得到加强。其中的一种方法就是利用传统游戏来培育我们的五官感觉。

*

这套丛书分门别类地介绍了在不同场所或运用不同类型自然素材的各种传统游戏。第2卷水边大搜索，让我们一起来尝试去河流或池塘中捕捉各种生物、鱼类，或者跳入清清的河水里嬉戏。若发现有趣儿的游戏，请立即到水边去努力尝试一下吧！通过五官感觉而得到体验和知识，将成为你终生的宝贵财富！

山田　卓三

池塘浅水乐趣多
1. 捞小蝌蚪 ……………………… 4
2. 观察蝌蚪变青蛙 ……………… 4
3. 抓青蛙 ………………………… 5
4. 钓小龙虾 ……………………… 6
5. 捉小河蟹 ……………………… 7
6. 捕萤火虫 ……………………… 7
7. 忠实守护领地的"卖油郎" …… 8
8. 观察蜻蜓的幼虫水虿 ………… 8
9. 捕捞水中的生物 ……………… 9

继续往下玩儿
学会饲养生物 …………………… 10

"捕鱼达人"本领大
1. 水中侦察兵 …………………… 12
2. 赤手空拳逮鱼法 ……………… 13
3. "浑水"摸鱼法 ………………… 13
4. "自投罗网"捕鱼法 …………… 14
5. "有来无回"捕鱼器 …………… 15
6. 截流拾鱼("涸泽而渔")法 … 16
7. "愿者上钩"钓鱼法 …………… 17

继续往下玩儿
试着在家养小鱼 ………………… 18

痛痛快快来玩水
1. 蒲公英水车 …………………… 20
2. 赛竹舟 ………………………… 21
3. 挖水渠比赛 …………………… 22
4. 趟水过河 ……………………… 23
5. 筑堤坝造水池 ………………… 24
6. 顺水漂流而下 ………………… 24
7. 天然淋浴 ……………………… 24
8. 小小跳水运动员 ……………… 25

捡块石头一起玩
1. 让石头在水上飞 ……………… 26
2. 筑石头堡垒 …………………… 27
3. 狙击瞄准 ……………………… 27
4. 制作彩色涂料好帮手 ………… 28
5. 改头换面大变身 ……………… 28
6. 寻找各种形状的石头朋友 …… 29
7. 给石头涂色化妆 ……………… 29

小小图鉴
生活在不同地区的龙虾 …………… 6
石头下面的水生昆虫 ……………… 9
容易饲养的河鱼 ………………… 16
能做竹舟的植物 ………………… 21

※游戏后标的 春夏秋冬 表示季节，指适合玩儿此游戏的季节。
  指游戏的难易程度：★☆☆（简单）→ ★★☆（中等难度）→ ★★★（较高难度）。

池塘浅水 乐趣多

水是生命之源，一点没错！在那些有水的地方比如池塘或者河流中，常常生活着许多可爱的小生命。你看，春天来了，成群结队的小蝌蚪也开始浩浩荡荡出发找妈妈去了。让我们来认真观察一下这些浅水中的小生命，试着把它们捧在手心，真切地感受一下吧！

1 捞小蝌蚪 春夏秋冬 ★★★

小蝌蚪真可爱！不妨试着用手去捞捞看，你一次能捞上几只呢？呵呵，不太容易吧！小朋友别光顾着捞蝌蚪，小心不要滑到水里哦！

小常识！

帅气可爱的青蛙和丑丑憨憨的蟾蜍（癞蛤蟆）都是我们最常见的蛙类家族成员，但是它们的卵还是有很多差别的，告诉你一个窍门：那些呈黑色、整齐排列成线状的是蟾蜍卵，而许多卵泡团在一起像个小球或者呈块状的，就是青蛙卵了。还有一种树蛙，它的卵是聚集在一起的，就像个大水泡。

2 观察蝌蚪变青蛙 春夏秋冬 ★★★

观察并记录一只蝌蚪是怎样变成青蛙的，这是生物课上老师经常会留的作业题目，我们现在带几只透明可爱的蝌蚪回家，就来做一做这个题目吧！

卵

蝌蚪

长出后腿　长出前腿　尾巴萎缩　嘴巴变长

跳！

③ 抓青蛙 春夏秋冬 ★★★

抓青蛙首先需要制作工具，找一根长竹竿或者树枝，在顶端拴上一根细绳，然后在细绳的末端系上一截狗尾巴草穗儿，看上去很像食饵。当你发现青蛙时就轻轻地将钓线伸到其眼前，并慢慢地上下移动草穗。青蛙喜欢吞活物，它长长的舌头会迅速伸出并将食物卷入嘴里。所以，当青蛙跳过来牢牢咬住草穗儿时，就立即把钓蛙竿往回拽，青蛙就会乖乖地被你拎回来了。

青蛙是通过皮肤进行呼吸的，如果失去了皮肤上的黏液，就会因不能进行正常呼吸而死掉。所以要切记不能对青蛙的皮肤过于抚摸啊！

小常识！

青蛙的拿法有两种：①用食指和拇指夹住眼睛的后部；②拎住它的两条后腿。

钓竿
钓绳
诱饵

小窍门！

不停变换钓竿上饵料的晃动速度，会比较容易吸引青蛙靠近。另外，在青蛙经常活动的湿地等处，能很容易抓到它。

小实验！

给青蛙催眠

试着给钓到的青蛙施展一下催眠大法，看你能不能成功！

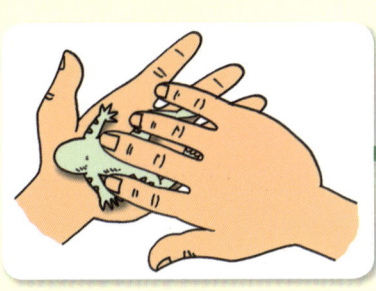

让青蛙伸展开四肢，仰卧在自己的手掌上。

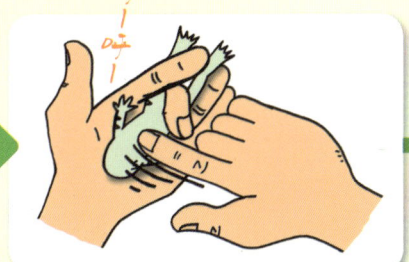

把两条后腿分别放在食指、中指和无名指的指缝中，稍用力卡住。用手指轻轻地反复捋它的腹部。

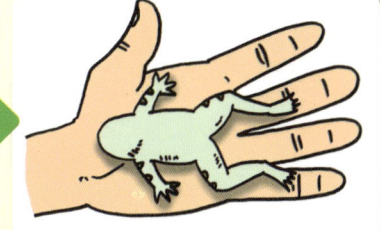

慢慢地挪开手指，看！这时候的青蛙就跟被催眠了一样，许久一动不动。

4 钓小龙虾 春夏秋冬 ★★☆

小龙虾对环境具有超强的适应能力，无论是淤泥河塘还是稻田湿地，小龙虾都能够"随遇而安"。它平时喜欢藏在水草、淤泥或者石块缝隙等下边。小龙虾是个贪嘴好吃的家伙，如果在钓线上系上诱饵，伸到水里面并上下晃动，当小龙虾咬住诱饵时就可以迅速向上提起来。

小窍门！

钓小龙虾时向上提钓竿的时机很关键，当小龙虾刚用大夹子夹住诱饵、向上提钓竿的时候不要用力过猛。否则，很容易连诱饵一起脱落。要等它稳稳当当咬住后再提起来，这样才不会让它逃脱。

● 可用作钓小龙虾的诱饵

小青蛙　鱿鱼须或者章鱼脚　小鱼干　虾尾肉（剥去外壳后剩下的尾部部分）

小小图鉴 生活在不同地区的龙虾

美洲龙虾

龙虾食性广，生命力强，生长快。全世界共有龙虾400多种，北美洲是龙虾分布最多的地方，大约有300多种。

亚洲龙虾

这是日本北海道鳌虾，它的身体横断面为椭圆形，鳌足也趋于圆形。而美国龙虾的身体横断面为圆形。

池塘浅水乐趣多

5 捉小河蟹 春夏秋冬 ★★★

和龙虾不同,河蟹喜欢栖息在小河或小溪等水质清新的地方,也喜欢藏在石缝、水草丛或水底淤泥下。当我们翻动水中的石头时,小河蟹就会慌张地逃出来——这可是捉住它的好机会。

小窍门!

长在小河蟹前面的一对大钳子(螯足)是它耀武扬威的武器,当遇到突发情况时小河蟹就会伸出钳子去恐吓敌人。利用这个特点,只要在它张牙舞爪的时候把竹竿、树枝等伸过去就能捉住它。

● **安全抓住小河蟹的手法**

用拇指和中指从河蟹的左右两侧捏住它的甲壳,就不用担心它的大钳子会夹到你了。

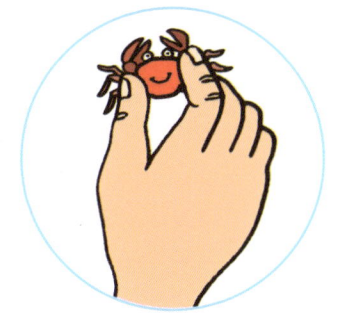

6 捕萤火虫 春夏秋冬 ★★★

夏天的夜晚,在草丛和芦苇丛中会有很多萤火虫提着小灯笼飞来飞去,试着用一把细枝笤帚或细竹条轻轻拍打草丛,这些拖着漂亮灯笼的小虫子就会纷纷从草叶上掉落下来,这时候你可以接住它,和它做个互动游戏哦。

用扇子轻轻地扇动,也能把萤火虫客人从草叶上请下来。

小窍门!

自制手帕荧光灯 找一块干净的纱布手帕,最好是带有漂亮图案的那种。然后把我们请来的萤火虫客人放进去,再轻轻把手帕的四角攥住提起来,夜幕下,快看看有什么奇妙的事情发生了?

小常识!

你听说过古代人车胤(yìn)"囊萤夜读"的故事吗?呵呵,车胤真是一个又聪明又刻苦的孩子。你知道吗?全世界萤火虫有2000多种,大多于夏季在河边、池边、农田出现,尤其喜欢水质清净有蜗牛的地方活动,因为蜗牛也是萤火虫幼虫的美味啊!

较小萤火虫

大个萤火虫

萤火虫的幼虫

7

忠实守护领地的"卖油郎" 春夏秋冬 ★★★

"卖油郎"通称为黾(miǎn)蝽(chūn)或水黾,是一种在湖水、池塘、水田和湿地中常见的小型水生昆虫,它是自己领地的忠实守护者。不信?你若把一些小昆虫投入有许多水黾的水里,过来摄食的只有在最近处的一只。因为它们都占有自己的领地,绝不允许其他同类侵入到这里来争食。

小常识!

水黾轻功:水黾被喻为"池塘中的溜冰者",它不仅能在水面上滑行,而且还会像溜冰运动员一样能在水面上优雅地跳跃和玩耍。它的高明之处是既不会划破水面,也不会濡湿自己的腿。水黾之所以能在水上行走自如,是因为长有4只特殊的足,足尖处生有的毛能释放拨水的油分。让我们认真地观察一下吧!

猜猜看,哪个水黾过来摄食?

8 观察蜻蜓的幼虫水虿(chài) 春夏秋冬 ★★★

蜻蜓幼虫称水虿(水乞丐),如果水不太脏,在稻田、池塘、沼泽地、河流和露天浅水池等地方都能看到水虿的身影。水虿体色一般是暗褐色或暗绿色,颜色与泥水、石头极为相近,很难被发现。如果用网把水草、泥砂等一起捞起来,水虿可就没处躲藏了。

蜻蜓为什么用尾巴点水? 蜻蜓的卵是在水里孵化的,幼虫也在水里生活。雌蜻蜓在飞翔时用尾部碰及水面,把卵排到水里。我们常见的所谓"蜻蜓点水",就是它产卵时的表演。

9 捕捞水中的生物 春夏秋冬 ★★★

水中还生活着各种我们不常见的小生命，我们不妨试着和它们打个招呼吧！事先把网张开稳固在石头的下游方向，然后翻动石块，一些水生生物就会跑出来，随水流爬到我们的网里去。

小小图鉴 石头下面的水生昆虫

石蛉（石蝇）
体长扁而柔软，幼虫魁梧、粗壮，生有两条尾巴。成虫与幼虫长得很像，只是背上多了一对翅膀。

蝼蛄（土狗、拉蛄）
像结草虫、蜘蛛一样，在水中蝼蛄幼虫能把许多石砾堆积在石头背后，并在上面筑成丝织的网。

黄石蛉（水蜈蚣）
黄石蛉的幼虫生活在水中，成虫则是在陆地生活，而且能够在空中飞行。

蜉蝣
蜉蝣生活在水溪和池塘中，是目前已知的寿命最短的昆虫，成虫不食，一般只活几小时至数天，所以有"朝生暮死"的说法。

（圈内为成虫）

继续往下玩儿

学会饲养生物

想不想亲眼看着蝌蚪变青蛙，蜻蜓是怎样展开翅膀飞翔的？如果捉住了蝌蚪或水虿，不妨带几只回家喂养，体验一下和它们朝夕相处的生活。不过在带它们回家作客时要为它们布置好一个舒适的家，还要记得定期投喂食物给它们啊！

蝌蚪变青蛙

食饵
线蚯蚓、馒头或面包渣、煮过的菠菜等

● 变成小青蛙后，在家喂养它们就难了。所以，最好把它们放回到以前捉到蝌蚪的地方去。

❶ 在洗脸盆或大一点的塑料桶里放入水，再把蝌蚪放进去（水最好是取自外面的河水，如果是自来水的话就需要静置一段时间后再用）。

❷ 用线蚯蚓或面包渣等投喂，注意为了保持水的清洁透明，一次不要喂得太多。

❸ 如果喂养的好，蝌蚪会先后长出后腿、前腿。再过几天蝌蚪圆圆的头部呈现出棱角，尾巴逐渐变短，小青蛙的雏形就出来了（参照第4页❷）。

看水虿羽化成蜻蜓

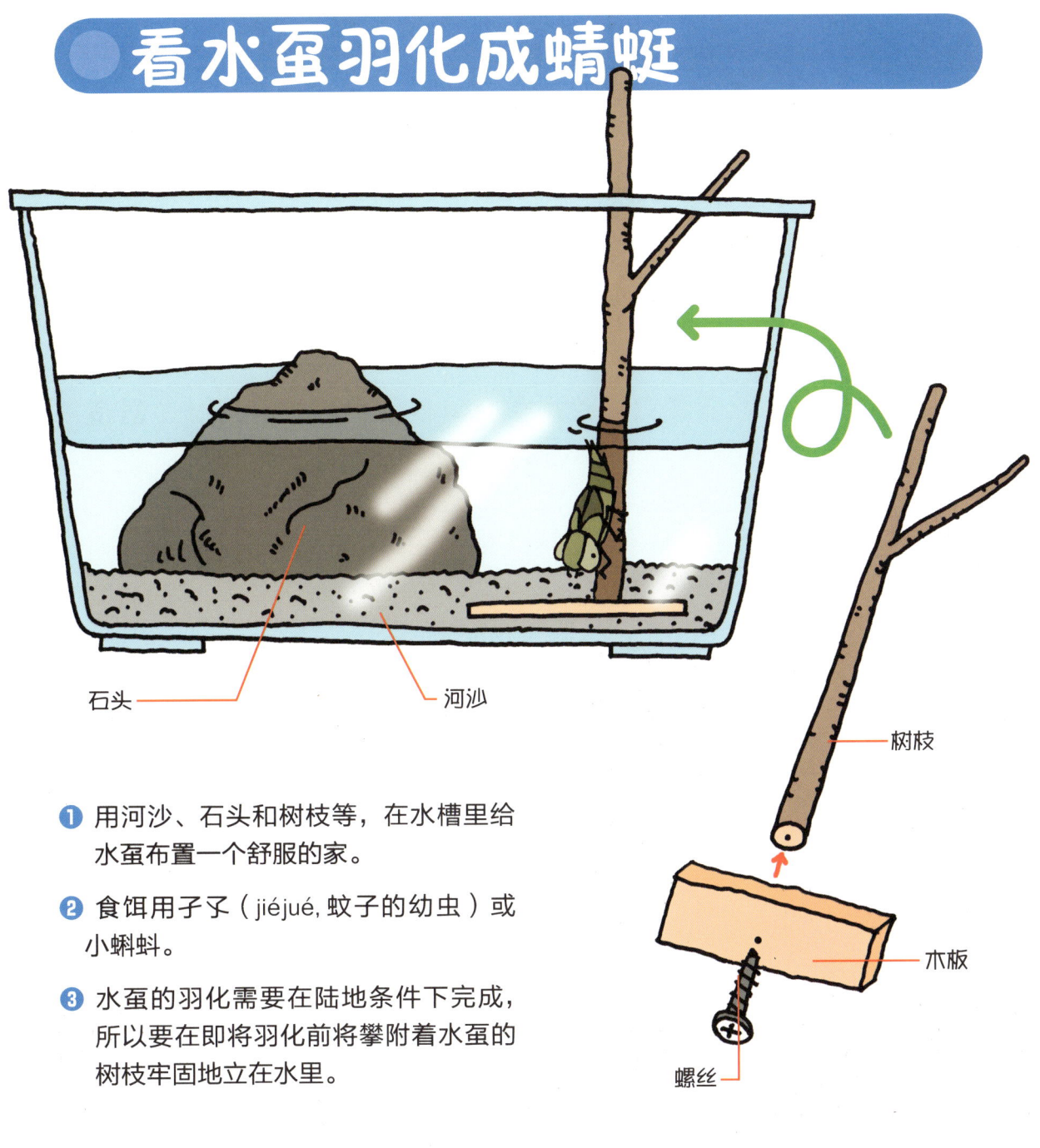

石头　河沙　树枝　木板　螺丝

❶ 用河沙、石头和树枝等，在水槽里给水虿布置一个舒服的家。

❷ 食饵用孑孓（jiéjué，蚊子的幼虫）或小蝌蚪。

❸ 水虿的羽化需要在陆地条件下完成，所以要在即将羽化前将攀附着水虿的树枝牢固地立在水里。

● 可把水虿一只一只分别地放在大水杯里饲养，但要把卫生筷等木棒牢固地立在杯中。

● 当发现水虿不吃食物而且总是把头露出水面的时候，就表明羽化的时期临近了，需要密切注意观察。

"捕鱼达人"本领大

鱼儿离不开水,小朋友们如果去郊外的小溪或者池塘边玩,一定不要错过和小鱼小虾亲密接触的机会。那些全身长满鳞的鱼儿在水中滑溜得很不好抓,捕鱼达人可不是轻易就能当上的哦!下面就有7种超级好用的捕鱼法则,让我们一一来学习吧!

① 水中侦察兵　春夏秋冬　★★★

要当水中侦察兵,就要先做一个简易的观察镜,把它插在河水里,可以帮你掌握水中鱼儿的行踪。

小窍门!
仔细观察石缝和水草周围,就能看到各种鱼类和生物。

● **学习制作潜水镜**

先找到一个大大的透明塑料瓶,用裁纸刀将塑料瓶从上、下两端切开,形成一个两端开口的圆筒。

用透明塑料袋或保鲜膜将瓶子下端的切口包严,用橡皮筋固定好。

在接口处紧紧地缠上胶带,以免缝隙漏水;在瓶子的另一端切口处也要用胶带缠上几圈,注意不要留下棱角,以防观察时划伤脸部。

注意: 做这个手工有被刀子划伤的风险!如果小朋友制作潜水镜一定要有家长在一边指导。在进行潜水观察时也要时刻注意水面情况,小心涨潮和湍流!!!

2 赤手空拳逮鱼法 春夏秋冬 ★★★

在一些清澈的小溪流中，我们经常会看到成群的小鱼游来游去，因为鱼儿有溯水而上的习性，还喜欢隐藏在石头的缝隙中，所以如果想要抓鱼，就要轻轻接近它们，把手插入水中并向石头的方向慢慢推进，当鱼儿被推到石头边时再快速去抓住它。

小窍门！

鱼儿浑身上下都滑溜溜的，特别容易从手中脱滑再逃跑，如果戴上一副棉线手套就会好很多。或者，如果你胆子足够大，也可把手指伸到鱼鳃或口中使它乖乖就范。

3 "浑水"摸鱼法 春夏秋冬 ★★★

在水草丰茂的浅滩、河湾、沟汊、芦苇丛中，常常生活着成群的鲫鱼，"浑水摸鱼"需要几个小朋友合作完成。首先观察好地势，小朋友站在鱼儿经常出没的地方，形成一个包围圈，然后再由另外一个小朋友在水中来回蹚动，把水搅浑，这时鱼儿会慌慌张张到处乱跑，有的甚至会直接撞到小朋友的腿上。

小常识！

正是因为在浑水中慌不择路到处乱跑，鱼群内部产生了混乱，才会被人钻空子抓住。"浑水摸鱼"还是有名的36计中的一计，意喻在混乱局面中容易被他人取胜。所以，小朋友在遇到突发情况时一定不要慌张啊！

浑浊的水里除了鲫鱼，还栖息着许多其他生物。

4 "自投罗网"捕鱼法 春夏 秋冬 ★★★

茂密丰盛的水草下面,也是鱼儿最喜欢的栖息地。观察好地形,先把捕鱼网铺设在河边草丛的下游,再从上游水草处用棍子"啪嗒啪嗒"地拍打草丛,草根处的鱼儿受到惊吓就会逃跑,到了下游就自投罗网喽!

小窍门!

水中的鱼儿灵敏无比,在水中如果只是举着网追着鱼儿跑是捕不到鱼的。用网捕鱼需要把网设在一处适当的位置,让鱼儿自己游进去。设网时注意不要让网与河底或两侧留有间隙,以免鱼儿从空隙中逃脱。

* 用叫做小捞网的方形网捕鱼比较方便。

⑤ "有来无回"捕鱼器 春夏秋冬 ★★★

利用"有来无回"捕鱼器可以让我们抓鱼、玩耍两不误。首先在瓶子里面放入压重的小石子和鱼饵，系上风筝线，找一处鱼儿会经常出没的地方，把捕鱼器投入河中，记得务必要让它横入水底啊！布置好捕鱼器陷阱后，小朋友就可以放心地去玩了，经过一段时间后记得把瓶子提上来。如果里面有鱼，那你就大功告成喽！

小窍门！

捕鱼最佳地点包括：水渠的入水口附近、河流的淤塞处、池塘中芦苇或水草的分界处等。如果人总是盯在那里，鱼不会游进捕鱼器中来，所以放好捕鱼器后应迅速离开，过一段时间后再回来提起捕鱼器。

＊鱼饵：最好用气味很浓的蚕蛹粉或酒糟等握成团，放入瓶内，也可用市售的钓鱼食饵。

● 捕鱼器的做法

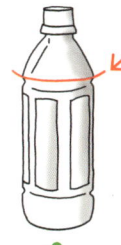

切开

先找一个2升或者更大容量的塑料瓶，把瓶子上部1/4处用裁纸刀切下。

把切下的瓶口部分反过来插入瓶中。

用锥子在图示的瓶口上端处分别钻出两个圆孔，用线将这两部分固定扎住（记着要打个活结或者留点空隙，以便开瓶取鱼）。为了便于沥水，用锥子在整个瓶子上钻满孔。

在瓶外系上压重的石头或其他重物

瓶底部也要钻孔

注意：有的河流或者水域禁止使用捕鱼瓶，请确认后再使用。

小常识！

利用工具捕鱼自古以来就被广泛应用，鱼儿习性喜欢溯水而上，不会掉头往回游，所以鱼儿一旦沿着狭小瓶口进入瓶中就再难逃脱，只能乖乖等着你来解救它。"有来无回"捕鱼器形象吗？试试看，你也可以给它取一个更合适的名字哦！

水流方向

6 截流拾鱼法（涸泽而渔法） 春夏秋冬 ★★★

在河水有分流的地方，先将一支分流上游用大石头堵塞，迫使水流改道，待分流河道中水位下降后，再在其下游用石头、泥沙、水草等筑起一道堤坝，随着水位慢慢下降至露出河底，小鱼儿就随之露出来了，这时候只需要弯腰捡拾就行喽！通过筑坝改变河水流向，将坝中的水放至干涸，从而捡拾河底鱼儿的方法，是不是和那个"涸泽而渔"的成语很像呢？小朋友一定要爱护环境，做完游戏之后要记得把河道恢复原状哦！

小窍门！
堤坝要筑成两道，上游的一道先用大石块沿着水流斜向排列，第二道则在下游用稍小的石块筑成。

也能发现水栖昆虫呢！

注意： 不是所有的河流都能进行截流；必须与成年人一起作业。
游戏结束后，应拆除堤坝恢复原状。

小小图鉴 容易饲养的河鱼

鲫鱼
鲫鱼是生活在淡水中的杂食性鱼，体态丰腴，水中穿梭游动的姿态优美，在河底喜欢躲藏在河水浑浊的地方。

鲤鱼
照片为高体鳑鲏（páng pí）。属鲤科鱼类，生活在流水缓慢的河流或池塘中。鳑鲏的繁殖方式奇妙且罕见，到底有什么奇妙的呢？小朋友赶紧去图书馆查一下吧！

丁斑
又叫中国斗鱼、兔子鱼、天堂鱼，以前在我国南方的野外溪流、河沟、稻田多见，大多以浮游动物、昆虫幼虫等为食，是世界上最早作为人工饲养观赏的热带淡水鱼。

泥鳅
泥鳅属底层鱼类，常见于底泥较深的湖边、池塘、稻田、水沟等浅水水域。泥鳅是营养价值很高的一种鱼，无论外表、体形和生活习性与普通的鱼儿均不一样，是一种特殊的鱼类。

7 "愿者上钩"钓鱼法 春夏 秋冬 ★★★

如果提前有准备，我们不妨自己来做一个简易的钓鱼竿，体会一下垂钓的乐趣。需要准备的物品有：鱼线、尽量小的鱼钩、鱼漂、鱼坠，鱼杆可用捡来的长树枝或竹竿等。在鱼线的顶端牢固地绑上鱼钩，再系上鱼漂和鱼坠。

● 挂诱饵的方法

水生昆虫　蚯蚓　龙虾尾　红虫　面包

如图所示，诱饵的种类不同，鱼钩的挂法也不同。

● 鱼漂在水中的状况

鱼漂的位置以诱饵不下垂到河底、能在水面上随水流动为宜。

当鱼漂突然向下沉时，要快速提起鱼杆。

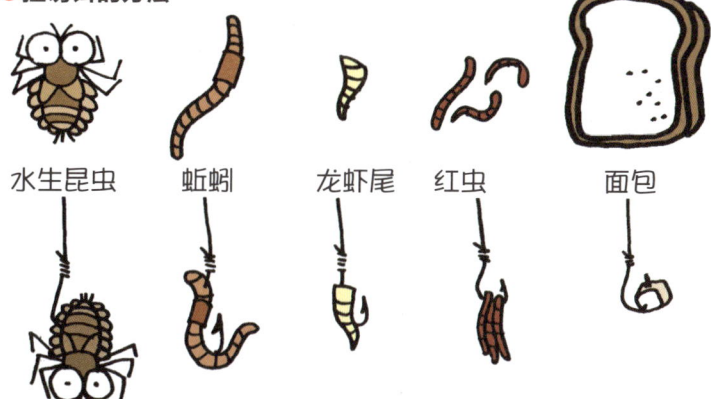

河水流向

● 鱼杆顶端的系法

在鱼线的顶端打结，做成两个环；

按照图示把环向下弯；

把鱼杆穿入环内；

拉紧鱼线；

解开时拉小环。

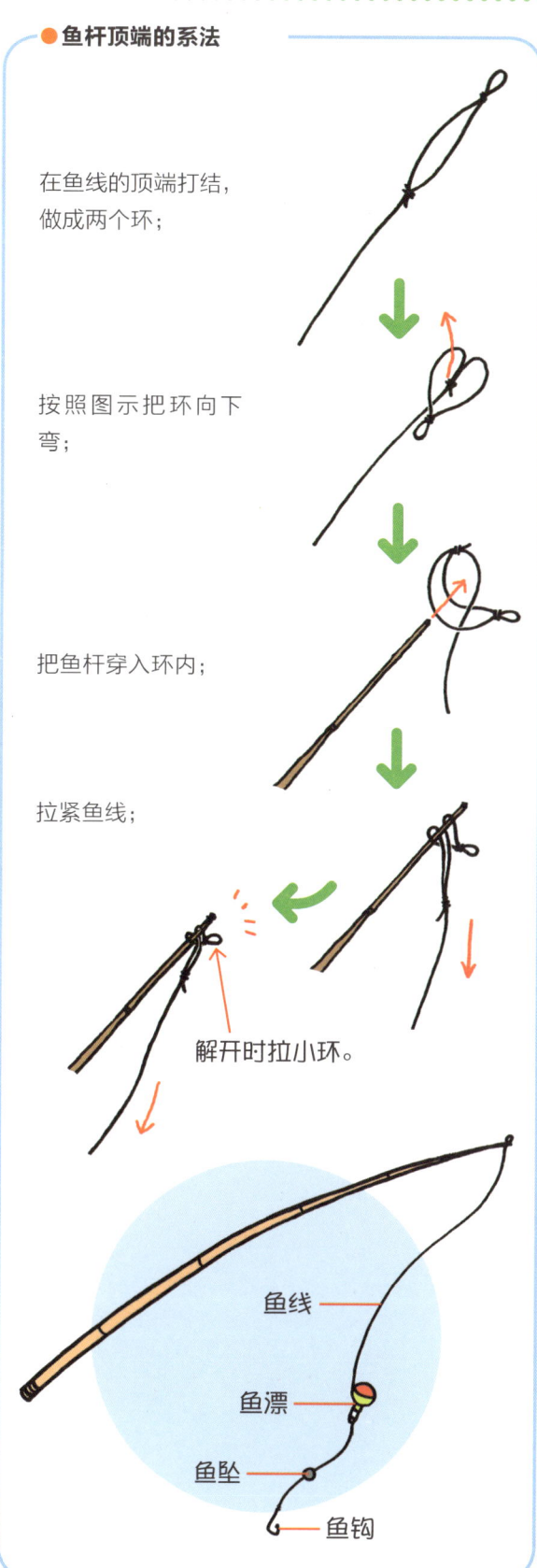

鱼线　鱼漂　鱼坠　鱼钩

继续往下玩儿

试着在家养小鱼

把自己亲手捕捉到的鱼儿带回家里饲养，是件非常开心和有成就感的事情。下面就告诉你在家喂养小鱼儿的窍门，请你小心翼翼地把鱼儿带回家，现在就开始做好照顾小鱼的准备吧！家里没有鱼缸也不要紧，常见的塑料瓶通过改造，也可以成为鱼儿舒服的家。

饮料瓶大变身

水　水草　小鱼　河沙或土

❶ 先准备一个体积为 2 升以上的方形塑料瓶，从上部用裁纸刀切开，以便放食饵。

❷ 在塑料瓶中放入河沙或稻田土等，种上水草，再把水灌入瓶中。

❸ 把瓶子放在明亮的地方，但注意避免阳光直射到瓶中。

❹ 如果仅用来短期观察，可以不喂食饵；但对于那些想用来长时间观察的鱼儿，则应给予水蚤、线蚯蚓或者专用鱼粉等，但是要注意不要一次投得太多，以免弄脏了水。

鱼缸养鱼最方便

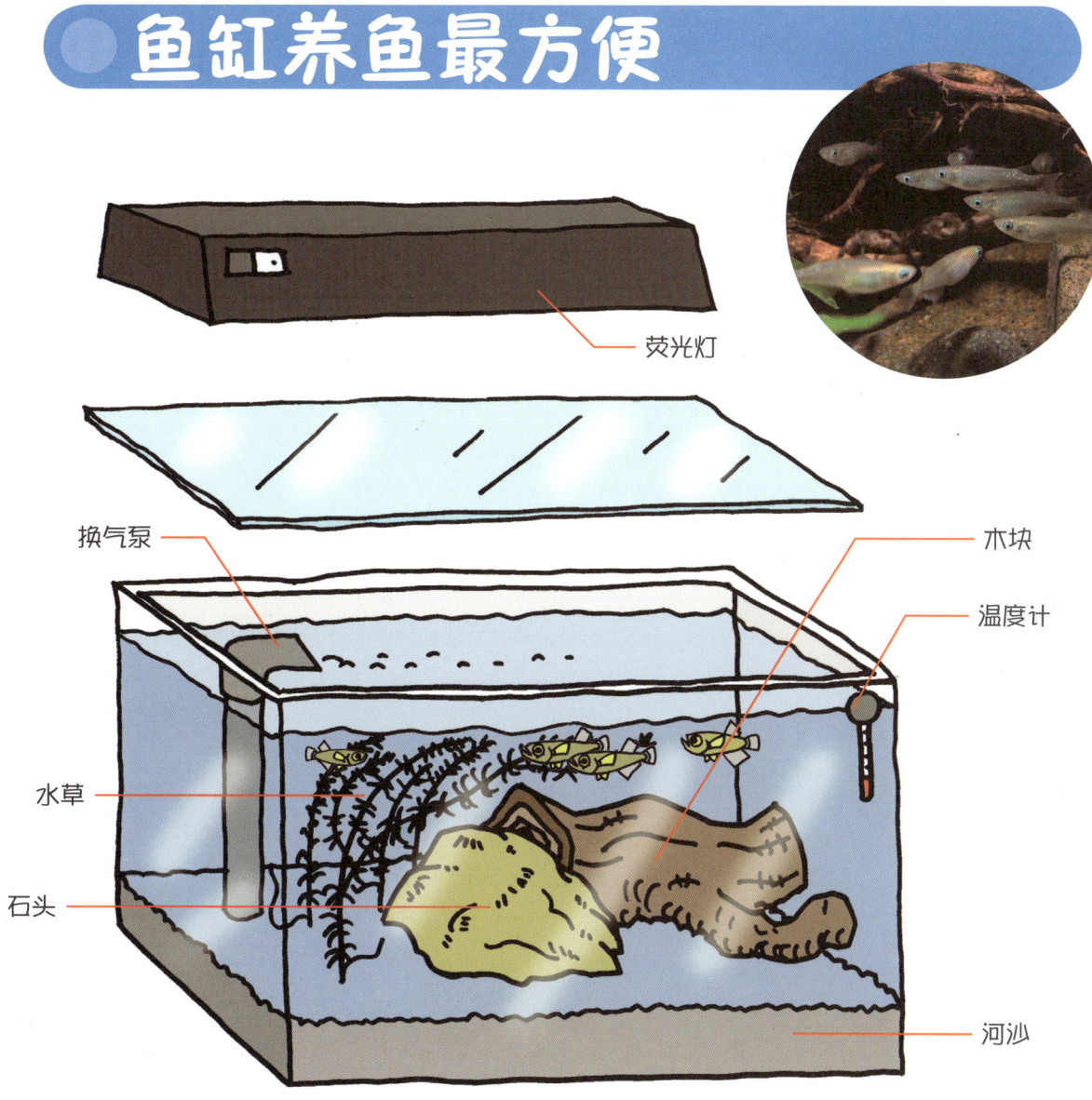

❶ 在鱼缸底部铺上河沙，然后放入石头、木块和水草等作为小鱼的隐蔽场所。

❷ 为防止鱼从鱼缸中跳出来，上面盖上盖子。如果没有盖子，向鱼缸内放水时应放至离鱼缸口 5 厘米左右高，不要放满。

❸ 换水次数因饲养鱼的条数及水量而定，一般情况下，一星期到一个月左右换一次。每次换水量为总量的 1／4（不用全换）。

❹ 食饵以少量、水不被弄脏为宜。

痛痛快快来玩水

哈哈，问一句：有不爱玩沙和水的小孩吗？水，可以静静地从我们身边流过，也可以拍打着溅起水花；跳进水中，可以感受到它冲击身体时柔柔又清凉的感觉。变化多端的水带给我们无尽的欢乐，如果把河边常见植物加入进来做游戏就会更加开心了，下面赶紧开始行动吧！

1 蒲公英水车　春夏秋冬　★★★

取一段稍长的蒲公英茎，在两端的横断面上分别切上"十"字形的切口。把茎浸泡在水里切口会自然向外翻转，再找根稍细的草棍穿过蒲公英茎的空洞。握住草棍两端放到溪水或河面上，这时候你可以看到，穿着草棍的蒲公英茎会像老水车一样"轱辘、轱辘"地转起来。

（想想看，除了蒲公英还有什么植物的茎可以用来做水车？）

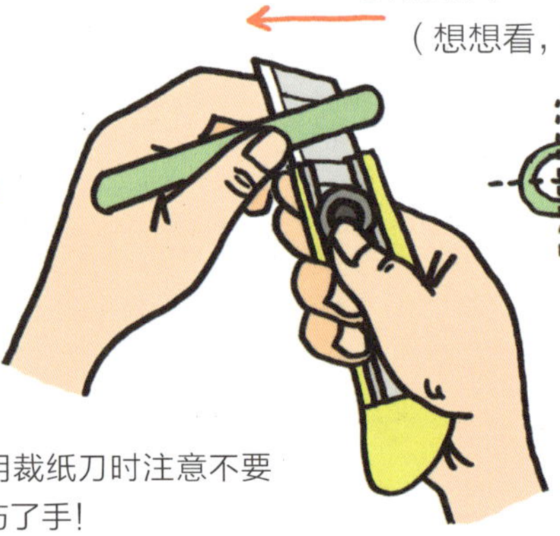

切成"十"字形的切口。

注意：用裁纸刀时注意不要伤了手！

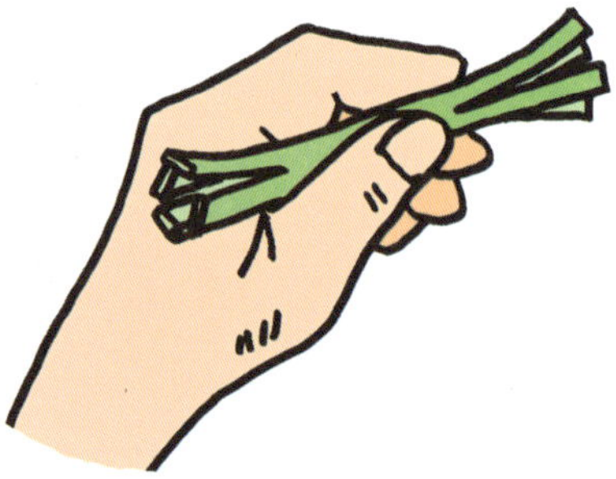

轱辘辘

痛痛快快来玩水

❷ 赛竹舟 春夏秋冬 ★★★

把细竹叶片的两端对折，在对折处分别切上两条切口。再用细木棍从两端边缘处穿起来，稍作整理，一个可爱的竹叶小舟就完成了。放入河中，看谁做的竹舟跑得快！

● 竹舟的做法①

折　　折

↓

切上切口

↓

插在一起

把细竹叶的尖端立起来，就成帆船了。

● 竹舟的做法②

折　　折

↓

切上切口

↓

插在一起

小窍门！
叶脉纵向平行的竹叶做出来的竹艇是细细的形状。山白竹适于做大竹艇，毛竹适于做小竹艇。

小小图鉴 能做竹舟的植物

竹子

竹子是多年生植物，通常通过地下匍匐的根茎成片生长。类型众多，适应性强，分布极广。中国是世界上产竹最多的国家之一，竹还是高雅、纯洁、虚心、有节的精神文化象征。

芦苇

芦苇通常生活在沼泽、河沿、海滩等湿地，那里也是许多种鸟类栖息的家园。芦苇秆含有纤维素，可以用来造纸和人造纤维。中国从古代就用芦苇编制"苇席"铺炕、盖房或搭建临时建筑。

3 挖水渠比赛 春夏秋冬 ★★★

在河滩边挖一条沟渠，试着把河水引过来。当河水顺利地流过来后，大家想象一下看水能被引流到何处。试着在水渠引水途中造个小石堤*，或者围个池塘玩。

小窍门！

在不损伤指甲的前提下，可用手代替铁锹搬动身边的石块或木头等（注意不要砸到自己）。如果戴上防滑线手套就更方便了。挖水渠时要先做规划，注意观察河水的流速及流向，如果"选址"不当，水渠会被冲毁或引不来水。

一起来观察！
各种河流的真面目！

水，在不同的河床构造、河水流速和深度下会呈现出不同的状态，还是让我们来认识一下各种河流的真面目吧，掌握这些常识会让我们在水边玩得更安全！

河面呈现绿色的地方，水一定很深。

河中的大石头通常都很光滑。

有浪花掀起的地方，水势会很强。

山崖处流速很慢，但水非常深。

看不见河底的地方水深莫测，绝对不可轻视大意！

拦河坝，枯水季节可以从这里渡河。

*用于堵住河道、山涧流水的堤坝。

④ 趟水过河  ★★★

横渡河流到对岸去玩也很有趣。下河前要观察好河水流向（图中蓝色波浪箭头方向），找好最佳路径，要选择河流宽、水流迟缓且浪小处过河，绝不能逆流而行。

 过河时，为了防止滑倒可在鞋子上绑上粗草绳或者套上旧袜子。

注意： 如果没有把握，最好穿上救生衣。不要选择在水深过膝、水流湍急和浪花汹涌的地方过河。

小窍门！
在水浅浪小的地方比较容易过河，但是斜向顺流（或逆流）过河则更省力气（如图中红色箭头所示）。还可以事先把绳索固定在岸边的树木或者岩石上，手抓绳索摸索着前进就会安全无忧了。

● **不易摔倒的走法**

注意水面下的大石头。

准备一根结实的木棒作拐杖，用于过河时探查水的深度。

用脚慢慢地探着走，比较安全。

5 筑堤坝造水池 春夏秋冬 ★★

想不想做一个小小的水利工程师？现在就开始动手，发挥你的想象，在小河里建造一个与众不同的水坝吧！建筑堤坝不仅要用到大块石头，还要有小石块、沙子、泥巴、野草等的参与，想想看，怎样才能使堤坝严密不透水？

注意：搬石头时要小心，不能砸着小朋友或自己。

6 顺水漂流而下 春夏秋冬 ★★

完全放松自己，就像一叶小舟随河流漂泊，该是多么自由自在的感觉啊！需要注意的是河中岩石、障碍物无处不在，闭着眼睛可不行！如果怕溅水就戴上泳镜吧。

太有意思了，和在游泳池游泳的感觉截然不同！

7 天然淋浴 春夏秋冬 ★★

如果遇到流水量小且平缓的小泉眼或者瀑布，不妨到水流下方去感受一把大水倾盆而下的感觉！用石头或自己卧倒用身体去堵住水流，快来体验瀑布的感觉吧。天然淋浴，快乐无比！

注意：要先试试水的温度，注意水太凉会容易被激病。

8 小小跳水运动员 春夏秋冬 ★★★

从稍微凸出的山崖或岩石上一鼓作气跳入河中，就像跳水运动员那样潇洒。但这个游戏有一定的危险性，应先下去探查一下水深及水底有无危险的石头等。

小窍门！
头朝下跳水的动作对水深和技巧都有严格要求。为安全起见，小朋友还是采取一跃而下的跳法吧，哈哈！

提前做好充分准备

河中嬉戏的着装

河中嬉戏时的服装要得体。
轻便、舒适、安全的服装最适宜！

注意： 小朋友不要自己单独到深水河中去，容易发生危险！

光线照射强的天气，要戴好帽子，以免中暑或被晒伤。

如果对河流情况还不熟悉，应该穿上救生衣，不仅可防止溺水，也可玩得更自如舒适。

潜水时可只穿游泳衣，但在炎热的夏日再套上一件T恤衫等可防晒黑。

注意： 晴天才能玩水，雨天或雨后会发生河流湍急、河水上涨的危险，之前必须先听天气预报确认好天气！

河滩及水边会非常滑，要穿鞋或长筒袜。河底处可能会有易滑的石头或玻璃等危险物，为此下河时最好穿鞋。

* 胶皮底鞋遇水容易滑，可在穿旧了的鞋上绑上粗草绳或者套上旧袜防滑。

捡块石头一起玩

自然界中到处都是好玩的工具,即使是你脚底下一块不起眼的石头,也会带给我们大大的惊喜!好吧,现在就到河滩上去,那里有许多各具特色的石头,有的光滑圆润,有的奇形怪状,它们正开心地等着你呢!

1 让石头在水上飞 春夏秋冬 ★★★

我敢打赌,"打水漂"是每个爸爸小时候都爱玩的游戏!不信你就问问他吧,让石头在水上快乐地跳舞,不懂技巧可不行。掌握好正确的姿势并用力把石头投出去,它会高兴地蹦蹦跳跳跑向远方。

注意:比比看,谁的石头跑得远?

小窍门!
形状圆而扁平的石片会在水面上跳出一连串漂亮的舞蹈,它是"打水漂"的首选。

●石片的握法

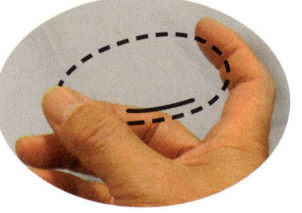

要把石片较薄的一侧朝外,另一侧卡在食指和拇指中间,其余手指自然弯曲。

●石片的抛法

把身体尽量放低,从体侧或自下向上用力向远处抛出石片,它就会在水面上蹦蹦跳跳着跑远了。

2 筑石头堡垒 春夏秋冬 ★☆☆

让我们筑一个大堡垒吧,比一比看谁的堡垒筑得高!堡垒的原意就是用于防守的坚固建筑物,等到你的堡垒完工了,再和小朋友们玩一个攻堡垒游戏,相互用石头去攻击,看看谁的堡垒最坚固!

注意:用石头攻击时,不要打到周围的小朋友。发现堡垒摇摇欲坠的时候要赶紧躲开,防止被倒下的石头砸到自己。

小窍门! 筑堡垒和盖房子一样,根基稳固最重要!动动脑筋,怎样排列石块才能搭出又高又坚固的石头堡垒,为什么呢?

3 狙击瞄准 春夏秋冬 ★★☆

河流里经常会漂来树叶或树枝,假想它们就是你要狙击的对象,赶快瞄准,对准目标出击吧!

小窍门! 看看谁能击中目标的中心,那他就是射击冠军啦!

注意:抛石头时,不要打着周围的小朋友。

即使没有打中目标,石头落入水中的时候溅起层层水花,也很好玩啊!

4 制作彩色染料的好帮手 春夏秋冬 ★★★

当我们想利用那些带有颜色的花草制作天然染料时，石头就成了我们最得力的助手。

小常识！

那些来自天然的植物叶片或者果实可以用来制作染料，试试看，用石头把艾蒿叶子捣碎，是不是能挤出绿色的汁液？山葡萄的浆果能砸出紫色漂亮的果汁来。

5 改头换面大变身 春夏秋冬 ★★★

有没有兴趣研究一下石头的内部结构和颜色差异呢？长时间经受风吹雨淋的石头，其实也没有外表看上去那么坚不可摧，就让我们助他们一臂之力吧！靠我们帮忙，让不同形状和性质石头相互碰撞，可使它们由大变小改头换面。

小常识！

闻一闻，石头与石头摩擦可发出轻微焦糊的味道。这是因为石头之间摩擦会产生热量，那些附在石头表面的细小藻类和菌类会被引燃掉。

＊藻类是一种在水中生长的植物

注意：砸石头时，为了防止碎石片崩到眼睛里，要在石头上面盖上布或戴上眼镜。为了防止受伤，要穿好长袖衣裤、戴上线手套。尤其注意不要让碎片伤到周围的小朋友。

6 寻找各种形状的石头朋友 `春夏秋冬` ★☆☆

石头在河水长期的冲刷下,形状、颜色等会呈现各种变化,有的奇形怪状,有的四角光滑,现在我们就去找找看,你最喜欢哪块石头的模样?

小窍门!

一起来玩石头大搜寻游戏:首先按照石头的大小、形状、长相、颜色等不同标准进行任务分配,看谁在规定时间内找到的石头又多又好!

7 给石头涂色化妆 `春夏秋冬` ★☆☆

河滩上形形色色的石头也可以用来制作漂亮的手工,选择一些形状相似的石头,用水彩或蜡笔给它们涂色化妆,看,小小的石头立刻就化身为神采飞扬、美丽漂亮的艺术品喽!

在"体验自然 启迪智慧"五大游戏系列中能够体验的例子

通过在自然中玩游戏来刺激我们的五官感觉,从而认知周围的世界,丰富我们的生活,尤其对于孩子们来说,感觉器官得到充分的锻炼,大脑各部分就会积极活跃,孩子自然聪明伶俐。

这套丛书介绍了许多在大自然中通过看、听、嗅、尝和触等各种方式来进行的游戏,以触觉为例,通过书中介绍的与动植物等自然环境有关的游戏,小朋友们可以体验到以下的感觉。

感觉	动物	植物	其他
黏滑(黏液)	鲫鱼、泥鳅、海参、小蝌蚪等鱼类和水生动物	裙带菜、海带、果囊马尾藻	黏土、山药块茎
黏胶 粘手		松脂、山药、蕨菜等能提取淀粉的根或茎	
光溜 滑溜	鼻涕虫、蜘蛛网	毛毡苔	槲寄生果实的汁液
粗糙 粗涩	草蜥、鲨鱼皮、猫舌	糙叶树、光叶榉树、玉米叶子	沙画
表面溜光	贝壳里面、独角仙、楸形甲虫、金龟子	植物果实、山茶、八角金盘的叶	附着海藻类的岩石
刺痛	海胆	苍耳、仙人掌、栗子的带刺外壳	
轻飘飘 暄腾腾	鸟的胸毛	白茅的穗、蒲公英的冠毛	
坚硬 凸凹不平	小龙虾、龟、海螺	树皮	岩石
干爽爽 沙棱棱			新降的雪、沙
热			日光照射的岩石、海滨沙滩的沙子
凉			雪、冰、冰柱

大自然物种的种类和体验

以动植物为代表的自然物包括石头、土等许多类型。通过各种的自然物可进行如下的体验

体验石头	●投石头 ●堆石头 ●寻找美丽的石头 ●用石头书写 ●在石头上涂画
体验土	●触摸土 ●土的温热和冷凉 ●挖土 ●和泥 ●制作陶器
体验水	●雨水淋浴 ●饮山泉 ●打水仗 ●浮在水面 ●海中游泳 ●过河
体验树	●触摸树 ●闻树的气味 ●收集树叶和果实 ●熟练使用木棒 ●树木 ●竹子 ●用果实做玩具
体验草	●在草丛中散步 ●拔草 ●掐草 ●闻草香 ●食草(吃野菜) ●用草游戏
体验火	●感觉热度 ●闻焦糊味 ●烟气熏人 ●点火 ●保持火种 ●灭火
体验生物	●捉拿 ●触摸 ●闻味 ●饲养 ●观看 ●听声音 ●食用
体验空白	●在黑暗中行走 ●看日出 ●林中行走 ●赏月 ●观看波浪 ●眺望大海

蓝色文字是可以在本卷中可以体验的内容

专家推荐：32件孩子在10岁前应做的事

1. 在草地上打滚
2. 玩泥巴
3. 用面团捏小玩意儿
4. 采集青蛙卵
5. 用花瓣制作"香水"
6. 在阳台上种花
7. 用硬纸板做面具
8. 用沙子堆城堡
9. 爬树
10. 在院子里挖个洞穴
11. 尽情作画
12. 自己搞一次野餐
13. 用颜料在脸上画鬼脸
14. 用沙子"埋住"自己
15. 做面包
16. 创作一个泥雕
17. 堆雪人
18. 参加一次"探险"
19. 在院子里露营
20. 烘蛋糕
21. 养小动物
22. 采草莓
23. 玩丢棍棒游戏
24. 能认出5种鸟类
25. 捉小虫子
26. 骑自行车穿过泥水坑
27. 做一个风筝并放上天
28. 用草和小树枝搭一个"窝"
29. 在公园找十种不同的叶子
30. 和人小小地打一架
31. 种菜
32. 为父母做早饭并摆到餐桌上

*摘自人民网教育频道

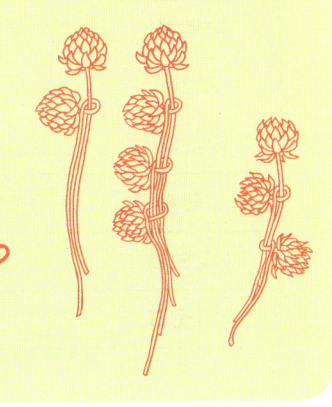

图书在版编目（CIP）数据

水边大搜索／（日）山田卓三主编；李同华，钟国安，钟华译．
—北京：中国农业科学技术出版社，2012.9
（体验自然启迪智慧五大游戏系列）
ISBN 978-7-5116-1064-5

Ⅰ．①水… Ⅱ．①山… ②李… ③钟… ④钟… Ⅲ．①游戏—少儿读物
Ⅳ．① G898-49

中国版本图书馆 CIP 数据核字（2012）第 203452 号

GOKAN WO MIGAKU ASOBI SERIES 2 MIZUBE DE ASOBO
© Takuzo Yamada, Eiji Okuyama, KODOMO KURABU.
Originally published in Japan in 2011 by Rural Culture Association Japan
(NOSAN GYOSON BUNKA KYOKAI).
Chinese (in simplified character only) translation rights arranged
through TOHAN CORPORATION, TOKYO.

本书的中文简体版本经日本农山渔村文化协会授权，由中国农业科学技术出版社独家出版发行，本书内容未经出版者书面许可，不得以任何方式或者手段复制传播。

作　　者	山田　卓三（主编）　奥山　英治（绘）
翻　　译	李同华　钟国安　钟　华
出版策划	穆玉红
责任编辑	李　雪
特约审读	张孝安　朱　绯　王小萍　史咏竹
责任校对	贾晓红
出 版 者	中国农业科学技术出版社 北京市中关村南大街 12 号　邮编：100081
团购热线	010-82106626　82109707
电　　话	（010）82106626（编辑室）（010）82109703（发行部）
传　　真	（010）82109707
网　　址	http://www.castp.cn
经　　销	全国各地新华书店
印　　刷	北京富泰印刷有限责任公司
开　　本	850 mm×1 192 mm　1/16
印　　张	2
字　　数	50 千字
版　　次	2012 年 10 月第 1 版　2012 年 10 月第 1 次印刷
定　　价	75.00 元（全五册）

版权所有·侵权必究

体验自然 启迪智慧
五大游戏系列 ❸

树林
大探险

[主编] 山田 卓三 [绘] 奥山 英治 [译] 李同华／钟 华

中国农业科学技术出版社

序言

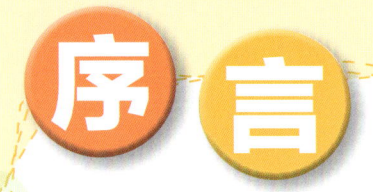

人类认识世界首先是从感觉开始的。我们能看到美景（视觉）、听到可爱的青蛙叫声（听觉）、闻到鲜花的芳香（嗅觉）、尝到海水的咸味儿（味觉）、感到鱼儿滑溜溜难捉难拿（触觉），这些都是五官感觉在起作用。正是依靠五官感觉，才能认知周围的世界。因为有了五官感觉，才使我们的生活变得丰富多彩！尤其对于孩子们来说，感觉器官得到充分刺激，大脑各部分就会积极活跃，孩子自然聪明伶俐。

*

保持五官敏锐感觉对我们身心健康极为重要。但是，不知道你发现了没有，生活在城市的钢筋水泥"丛林"中，我们的五官感觉（视觉、听觉、嗅觉、味觉、触觉）变得越来越弱。正如通过体育锻炼可以增强体魄一样，人的五官感觉也可以通过某些方式的锻炼得到加强。其中的一种方法就是利用传统游戏来培育我们的五官感觉。

*

这套丛书分门别类地介绍了在不同场所或运用不同类型自然素材的各种传统玩耍方法。第3卷树林大探险，让我们一起来尝试去玩耍树叶和树木的果实，或去森林中捉拿昆虫。如果发现了有趣儿的玩耍方法，就请立即扑向大自然去努力尝试一下吧！通过五官感觉而得到体验和知识，将成为你终生的宝贵财富！

山田　卓三

目录

树叶奇妙大变身
1. 山茶叶子发辫 …… 4
2. 山茶叶子拖鞋 …… 4
3. 山茶叶牧笛 …… 5
4. 木兰响笛 …… 5
5. 松针拔河赛 …… 6
6. 松针相扑大力士 …… 6
7. 厚朴树叶向天飞 …… 7
8. 厚朴树叶假面具 …… 7
9. 厚朴树叶画片 …… 8
10. 栗子树叶风车 …… 8
11. 枸骨叶风车 …… 9
12. 树叶写字板 …… 10
13. 树叶扑克牌 …… 10
14. 落叶蹦蹦床 …… 11
15. 树叶手工画 …… 11

和树木交朋友
1. 木头梆子 …… 12
2. 树枝响笛 …… 12
3. 树的气味 …… 14
4. 触摸树干 …… 14
5. 用树枝做弹弓 …… 15
6. 橡子陀螺 …… 16
7. 橡子挑担娃娃 …… 16
8. 用橡子的壳斗做青虫 …… 17
9. 松塔魔术师 …… 17

和昆虫一起玩
1. 张伞收昆虫 …… 18
2. 搜索昆虫 …… 18
3. 虫子"甜品宴" …… 19
4. 蜜糖陷阱 …… 19
5. 水杯陷阱 …… 20
6. 收集夜间昆虫 …… 20
7. 用网捕捉昆虫 …… 21

继续往下玩儿
和独角仙玩耍 …… 22

寻找野生动物
1. 寻找动物摄食的痕迹 …… 24
2. 寻找动物足迹 …… 24
3. 查找动物的粪便 …… 26
4. 寻找鼠洞 …… 26
5. 寻找白颊鼯鼠 …… 27

继续往下玩儿
饲养四脚蛇和草蜥 …… 28

小小图鉴
适合制作面具的大叶片 …… 7
树叶的比较 …… 9
能成为弹丸的果实 …… 15
喜欢在夜间活动的昆虫 …… 19
喜欢在白天活动的昆虫 …… 21
在森林易遇到的爬行动物 …… 27

※游戏后标的 春夏秋冬 表示季节,指适合玩此游戏的季节。
指游戏的难易程度:★☆☆(简单)→ ★★☆(中等难度)→ ★★★(稍高难度)。

树叶奇妙大变身

我们身边到处都有树木花草在茂盛地生长，不同种类树叶的形状各有差异，有的像小船、有的像帽子，还有的像眉毛。不同的树叶还能进行各种有趣的游戏呢！让我们试着去接触或踩踏落叶，享受独特的感觉、倾听悦耳的声响，首先，来看看一片叶子的奇妙大变身吧！

1 山茶叶子发辫 春夏秋冬 ★★★

将山茶的叶片（如图所示）重叠在一起。再用小树枝和松针等插入其中来固定。一个漂亮又独特的叶子发辫就做成了。戴上看看，哈——像不像雅典的公主！

小常识！

山茶花为中国传统十大名花之一。摘下的山茶花瓣，在花萼的部分滞留有花蜜，若舔一下就会感觉甜滋滋的。

叶片背面

2 山茶叶子拖鞋 春夏秋冬 ★★★

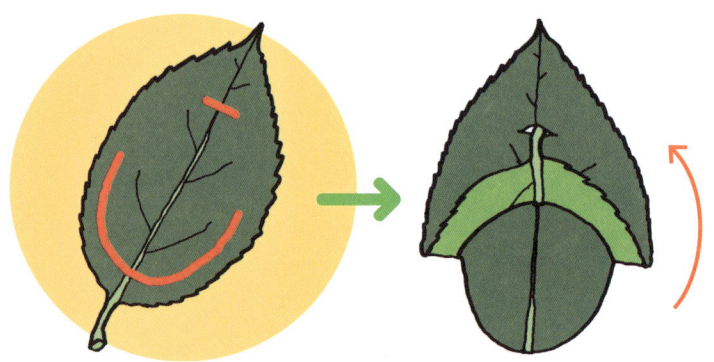

在山茶叶的叶柄处用裁纸刀（注意！不要让刀片划到自己）轻轻划开。在叶的前端，用牙签穿个小孔，然后，将叶柄插入进去，一双漂亮的小拖鞋就诞生了。真可爱！

想一想： 如果身边没有山茶花叶子，也可以用其他树叶代替哦！不妨去找一找，试一试吧！

3 山茶叶牧笛 春夏秋冬 ★☆☆

摘下一片山茶叶，从叶子前部向后卷起，使其成为直径5~7毫米的管。将管的一头捏扁，然后，将捏扁的那一头放入口中，轻轻吹一吹，听——什么声音！

小窍门！
如果用透明胶条缠住，叶子就不会松开了。

4 木兰响笛 春夏秋冬 ★☆☆

摘取两片木兰树叶，（如图所示）十字交叉叠放在一起。然后从中间对折，在图中所示的箭头处抠个孔。一个独特又好玩的木兰笛就ok了。

嘴巴凑上去，对着抠出的孔处吹一下，会发出美妙的声音。好神奇呀！

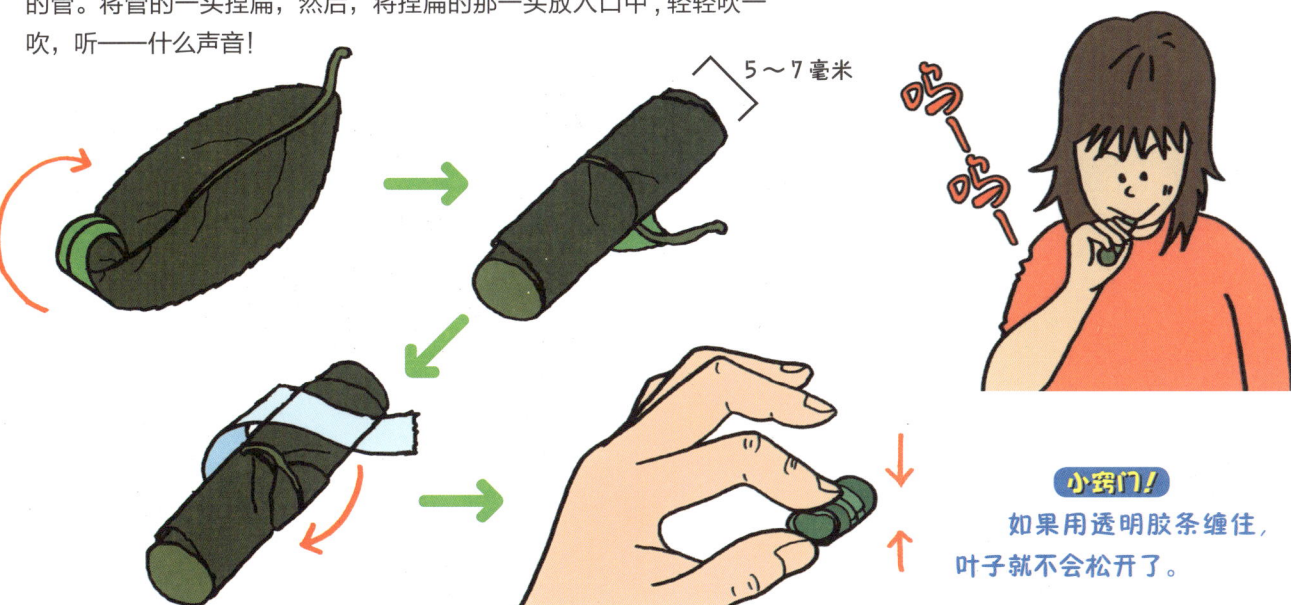

试试看，还有什么树的叶子可以发出声音？

树叶奇妙大变身

5

5 松针拔河赛 春夏秋冬 ★☆☆

将松针的分叉钩挂在一起，各捏住两股松针的一端，喊 1、2、3——同时用力拉，松针从分叉部分断开的一方为输。可以自己玩，约个小朋友一起玩更有趣！

松针的分叉钩挂在一起

6 松针相扑大力士 春夏秋冬 ★★☆

数出一小把松针，将尖端对齐后用线绳捆绑好（如图所示），再给它系上一条腰带，一个结实有力的"力士"就做好了。然后，让相扑力士面对面站好，用拳头咚咚砸桌面。相扑力士会随着桌面的震动开始移动，直至相撞，这可是一场力量和技巧的搏弈哦！

要是将银杏树叶插在松针相扑力士的头上会更好玩呦！

小常识！

从松树皮上渗出的黏性液体叫松脂，刚流出的松脂是无色透明的油状液体，用手指反复揉搓后再张开手指会在两指之间产生细细的白丝，时间一长就变成了黄色而且凝结变硬，它是制造松香和松节油的原料。

7 厚朴树叶向天飞 春夏秋冬 ★★★

将厚朴树叶剪成飞机状（如图所示）就可以直接飞向天空了。

8 厚朴树叶假面具 春夏秋冬 ★★★

厚而大的树叶还能做面具呢！稍微进行剪裁（如图所示），再挖出眼孔和鼻孔，在鼻孔处插上蟋蟀草的穗做胡须。戴上它——看看我变成了谁？

剪裁

剪裁

挖孔

左侧的照片是八角金盘的叶，也很漂亮吧？用各种大叶片试一下吧！

小小图鉴 适合制作面具的大叶片

厚朴

落叶乔木，树叶约25~30厘米。树皮、根、花、种子及芽皆可入药，树皮是著名中药。

七叶树

七叶树树形优美，花果奇特，是世界落叶的观赏树种之一。在中国，七叶树与佛教有着很深的渊源，很多千年古刹中都有千年以上的七叶树。

八角金盘

八角金盘是优良的观叶植物，四季常青，叶片硕大叶形优美，浓绿光亮，叶、根、皮均可入药。

鹅掌楸

鹅掌楸树形端正，叶形奇特，形似马褂，故又称马褂木。与悬铃木、椴树、银杏、七叶树并称为世界五大行道树种。

9 厚朴树叶画片 春夏秋冬 ★★★

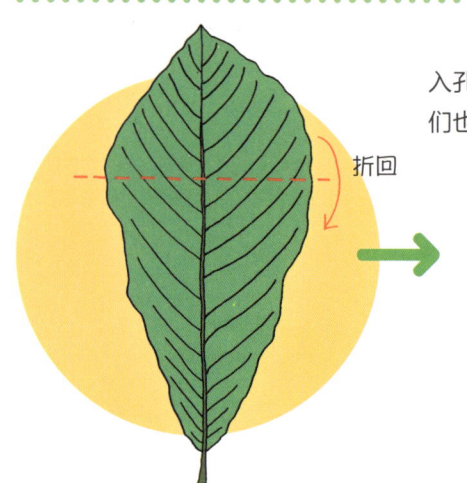

让我们先动手制作画片：折回→挖孔→折回→插入孔内，拍画片游戏不仅小朋友喜欢，相信爸爸妈妈们也都不陌生，那就一起来玩吧！

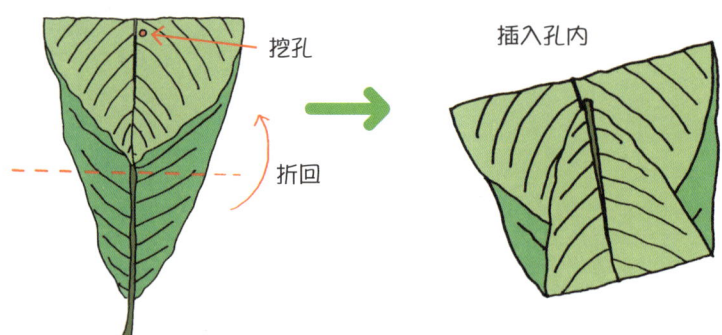

● 玩法说明

① 每人先拿出一张画片摆在地面。
② 将自己持有的画片拍向地面，若对手的画片被震翻过来，你就可得到这枚画片了。
③ 如果你是赢家，可继续进行挑战，直到将地上所有的画片都赢到手为止。然后和下一位交换位置继续挑战。
④ 若是拍画片没被别人赢去可一直使用这枚画片打比赛。
⑤ 获得画片枚数多者为赢家。

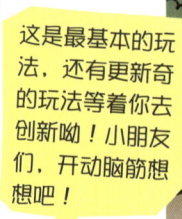

这是最基本的玩法，还有更新奇的玩法等着你去创新呦！小朋友们，开动脑筋想想吧！

10 栗子树叶风车 春夏秋冬 ★★

在栗子树叶（最好用落叶）的中间挖一个小孔，做为中心（如图所示），剪裁叶片，将小树枝插入孔内，用拇指和食指捏紧轴的部分。用指甲顶住树叶拿住，然后向着林中的小道奔跑。由于迎面顶风，风车就会旋转起来啦！这个风车可是绿色环保型的哦！

11 枸骨叶风车 春夏秋冬 ★★

取一片结实的枸骨叶，拇指和食指指尖轻轻支撑在能保持上下平衡的地方，小嘴巴凑上去，用力吹向叶的上端，一个轱辘轱辘转的小风车就做成了。

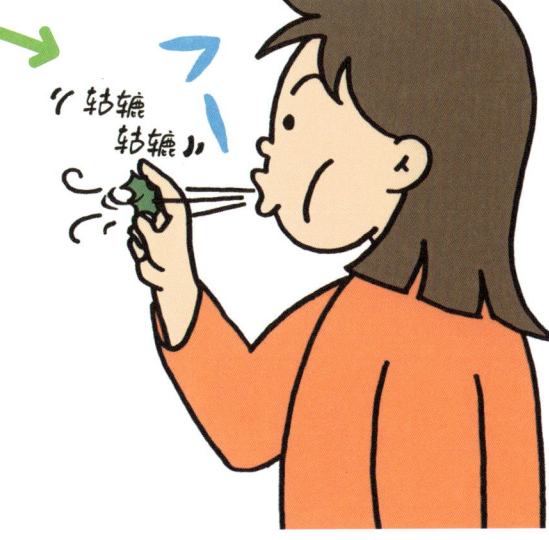

↑幼树　↑老树

小常识！
枸骨幼叶的边缘大，呈尖刺样的锯齿状，但叶子成老后，刺就悄悄消失了，变成了圆圆的叶子。

小小图鉴 树叶的比较

松树
两根细长的针叶在基部接合呈"V"字形，有的松树针叶可代替竹签使用。照片为红松。

银杏树
呈扇形的叶片中间有一个缺口。种子被称为白果，可入药，但注意食用过量易中毒。

柿子树
叶片表面光滑，可晾晒干燥后作为茶叶冲饮，柿子树叶含有相当可观的蛋白质、氨基酸及多种维生素。

月桂
叶片硬，并呈锯齿状，用手指触摸时有痛感。古时作为除恶辟邪的树被移栽在庭院内。

12 树叶写字板 春夏秋冬 ★☆☆

我们玩个冬青叶变身写字板的魔术吧！用一根小木棍在大叶冬青的背面写字或画画，过一会儿叶面上就会变黑显示出所写的内容。试试吧！

小窍门！
也可用圆珠笔在银杏树叶上写字。

小常识！
大叶冬青的叶又大又厚，有韧性还结实，过去在中国和印度的寺庙常用它来书写佛经。

13 树叶扑克牌 春夏秋冬 ★★☆

首先收集各种漂亮、独特的落叶，越多越好，将其散落在地面，决定好庄家和顺序。庄家挑出一枚落叶让大家看，然后大家选出和庄家手中树叶相同的叶片，选错者要将手中的叶片全部返回地面，选对者可持有叶片，若选不出相同种类叶片也可放弃。一个循环结束后，手中持有叶片数多者为胜。

栗子树 　木兰 　银杏树  　枫树 　柿子树 　柞树

14 落叶蹦蹦床 春夏**秋**冬 ★★★

落叶飘零的季节，可以将各种颜色、形状迥异的落叶收集在一起，堆成一张色彩斑斓的叶床，然后在"床"上翻腾跳跃。啪啪！咔咔！脚下会响起各种美妙的音乐哎！

落叶的床

落叶的隧道

15 树叶手工画 春夏秋冬 ★★★

每片树叶都是一件艺术品，将各种形状的叶片组合，制作成小玩意或装饰画，就更有意思啦！亲爱的朋友们，一起动手吧！

和树木交朋友

你想成为树的朋友吗？其实很简单，去闻一闻树的味道，听风儿吹过叶片沙沙响，看阳光在树干上舞蹈。拥抱一下吧，无意间一摇晃，哇——惊喜来啦！树枝、果实纷纷落下，这可是树朋友送给我们的珍贵礼物！这些宝贝还能进行有趣的游戏呢！

1 木头梆子* 春夏秋冬 ★☆☆

拾两段同样粗细的树干，充分干燥后，有节奏的互相敲击，（→14页）竖起你的小耳朵尽情欣赏吧！嘭嘭嘭——

> 品种和干燥程度不同，木头所发出的声音也不同。

*选长方体的木材，将两根对打撞击，可作为演戏前的信号，也可在夜间巡视时使用。

2 树枝响笛 春夏秋冬 ★★☆

一些树枝是中空的结构，还有一些树枝在春天可以将树皮和树干分离形成空管，这些树枝可用来做响笛。

> **小常识！**
> 空木学名溲疏，是落叶灌木，树的根、叶、果实均可入药。

各种响笛的制作方法

♪ 发"卟卟"音的笛

在已切成斜面的一端往深切入,将矮竹的叶片插入其中。再将矮竹叶片修剪整形,将矮竹的叶簧片轻轻含在口中吹。

往深切入

矮竹的叶片

矮竹的叶片

矮竹的簧片

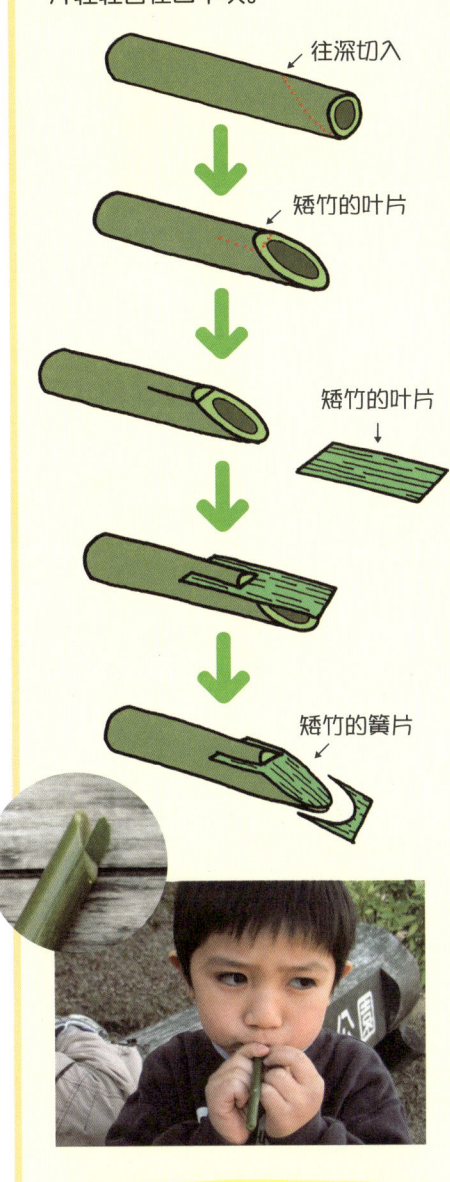

在此所介绍的笛,虎杖的茎也可制作。

♪ 发"噼噼"音的笛

按图所示在筒管上切成深"V"口,将从筒管缺口上取下的部分插入筒管的一端内,将该端靠近嘴巴吹。

切成深"V"口

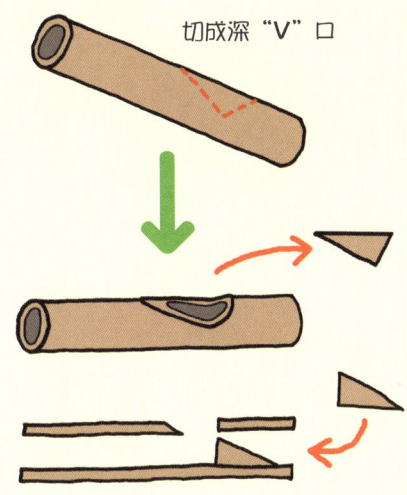

♪ 橡子响笛

柞树结的圆果实叫作橡子。在其底部用铁钉尖挖个洞,再用铁钉帽将里面的果仁掏净,将具有开口一端朝上,靠近下嘴唇用力吹。

♪ 发"嘌嘌"音的笛

将筒管上部的中间薄薄的削去一部分,然后挖个洞。将另一根细管按图所示削切,在孔上探寻能发出动听声音的地方用胶粘上。

吹这里

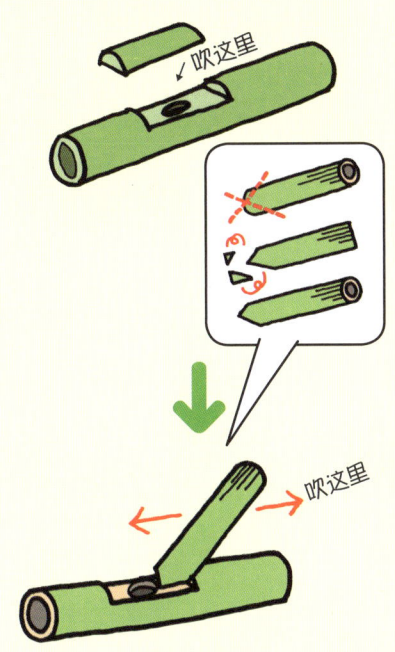

吹这里

不要盖住孔,慢慢移动,利用发出的吱吱响声就可发现能发出最佳声音的地方。

♪ 折叠笛

用裁纸刀将管不完全切断,保持一部分连接状,然后将其掰开。

吹这里

3 树的气味 春夏秋冬 ★★☆

每种树都有自己的独特味道。先将各种树木的小树枝收集在一起,蒙住一个伙伴的眼睛,取一根小树枝,让他闻气味。然后将小树枝放回原处,取下蒙眼物,你猜,他能找到自己刚刚闻过的那根小树枝吗?尝试一下吧!

小常识!

松树、丝柏、杉树、樟木、花椒和桂皮等都具有良好的气味。而臭椿就如其名那样,气味特别难闻。

4 触摸树干 春夏秋冬 ★★☆

先将其中一人的眼睛蒙上,让他去触摸某一棵树的树干。离开后打开蒙眼物,让他凭借印象去辨别哪一棵是曾触摸过的。你玩过吗?一起来游戏吧!

● 各种树的树体

坚硬,不平滑,凸凹不平（栓皮栎）　　粗糙,粗涩,不光滑（光叶榉树）　　光滑（百日红）　　带刺儿（枸橘）

5 用树枝做弹弓 春夏秋冬 ★★☆

这个创意既环保又经济，只要找到一根两股叉的树枝，系上橡皮筋，好玩的弹弓就做成了。如果用枫树、栗子树及光叶榉树的树枝做弹弓柄，最好先扒干净树皮，这样不仅手感好，还美观。橡皮条可使用粗橡皮圈，弹丸可选择既小又柔软的各种果实。这样，即使不小心弹到小朋友身上，他也不会生气，还以为是你送他的特殊礼物呢！

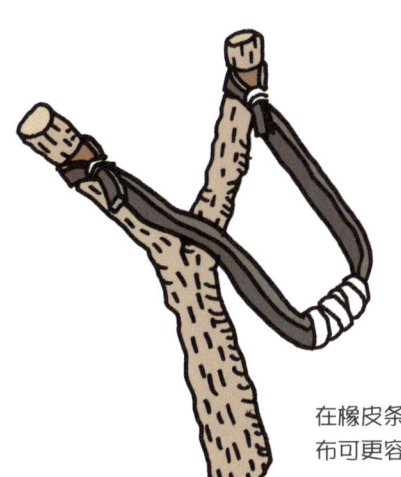

在橡皮条的中间缠上布可更容易夹住弹丸。

设定靶子，看谁射的最准，游戏真好玩！

小窍门！

将弹丸瞄准目标，其要点是橡皮圈的左右长度一定要相等，这样才会使左右用力相等，如上图所示，将分叉的树枝做的木柄竖直。若其发生左右或者前后倾斜态势会降低命中率。

注意：不要将弹丸对着他人射击。

小小图鉴 能成为弹丸的果实

八角金盘果实
开白色花。花落后果实逐渐变硬。然后变为球形绿色的果实。到了春季，果实又变为黑色。

桃叶珊瑚
一种椭圆形红色果实。其中间的种子呈不倒翁状，由此也被称为"不倒翁"。

荚蒾
在秋天果实变红，枝头挂满带有光泽的果实。荚蒾为酸果，含在口里，其酸味就会在舌头上蔓延。

沿阶草果实
在秋天，叶的基部就会挂满带有光泽的蓝色果实。由于被隐藏在叶下，藏得很严实，不拨开树叶，就看不到果实。

6 橡子陀螺 春夏秋冬 ★★★

将牙签插在橡子的底部，一个可爱的陀螺就做成了。牙签的长度不同其旋转的方式也不一样。熟练以后，可试着将牙签朝下旋转。这可是有难度的哦！

小朋友们一起比赛，将陀螺旋转时间最长的为赢家。这个游戏是不是很有意思呢！

小窍门！

若橡子很硬，可先用锥子扎个小眼，然后就可轻易地将牙签插入。若是已干透的橡子，可将其放在水中浸泡一个晚上，橡子就会变软，牙签就很容易插入了。

7 橡子挑担娃娃 春夏秋冬 ★★★

你见过橡子挑担娃娃吗？来！一起动手吧！材料是3粒橡子，2根竹签。

将竹签的两端削尖，在橡子中心两侧从斜下方插入。

然后，将另外2粒橡子分别插在竹签的两端。怎么样？可爱的橡子挑担娃娃做成了呀！是不是很有成就感呢？

小窍门！

可用细铁丝（约粗为1.2毫米）代替牙签。这样做出来的橡子挑担娃娃别具风格。也可在橡子的表面画脸谱，或将枯树叶粘在橡子的表面作装饰。只要开动脑筋就会有多种有趣的玩法。亲爱的小朋友，开动你聪明的小脑瓜想想吧！

8 用橡子的壳斗做青虫 春夏秋冬 ★★★

收集橡子的壳斗用细绳将其穿起,最后一粒为反方向穿上。这时候你再看,是不是一条蠢蠢欲动的青虫出现了?

这一部分是壳斗

最后一粒从反方向穿上

9 松塔魔术师 春夏秋冬 ★★★

松塔展开时→（晴朗天气）

←松塔收缩时（天气要下雨）

松塔可是魔术大王哎！将它放入水中,就会收缩变小,收缩变小后放入瓶中就又会展开。是不是很神奇呢？小朋友们,你知道怎样做才能将已展开的松塔放入瓶中吗？动手试试吧！

小常识!

在晴朗干燥的日子,松塔展开变大。相反,在要下雨的日子,松塔则收缩变小。根据松塔的变化你就可预报天气。

和昆虫一起玩

树林中生活着许多昆虫,它们可淘气啦!喜欢躲在树枝、树叶或落叶的下面和我们玩捉迷藏。不过,我们善于发现的眼睛总能找到它们,捉昆虫是件很有意思的事情,触摸或观察捉来的昆虫就更有意思了!一起动手体验吧!

1 张伞"收"昆虫 春夏秋冬 ★★★

将已打开的雨伞(如图所示)放在树枝下面。然后用木棒嘭嘭磕打树枝或树叶,就会有各种昆虫落下来。再用手捉拿落在伞中的昆虫可就容易多啦!因为它们已经落网了!哈哈!

小窍门!

告诉你个秘密:花儿盛开的树枝处常汇集着大量昆虫,栗子树和柞树的花丛,则聚集着花金龟的伙伴和各种颜色的蜘蛛。一定要记住哦!

这个捉拿昆虫的方法是不是很简单?你能想出更有创意的方法吗?

2 搜索昆虫 春夏秋冬 ★★★

我们每个人都是小勇士,今天要到树林进行一场昆虫大搜索。将枯树、腐枝和脱落的树皮掀起,哇——好多好多昆虫哎!看你们往哪里跑!我还发现了一个秘密,树下的落叶里面也藏着很多小昆虫哦!

小常识!

到了冬天,由于冷而且吃的东西又少,几乎所有的昆虫会以蛹的形式越冬。因此,在树枝和叶的背面或落叶的下面,可发现卵、茧及幼虫,其中,也有的像瓢虫那样不做任何改变的以成虫形式越冬。它们真坚强!

3 虫子"甜品宴" 春夏秋冬 ★★★

清晨，在静悄悄的树林中散步，你会惊喜地发现，在栎树或枹栎树上流出树液（树汁）的地方，都聚集着蝴蝶、独角仙、金龟子、天牛等昆虫，它们凑在一起，吧唧吧唧，舔吸树液呢！

4 蜜糖陷阱 春夏秋冬 ★★★

昆虫和小朋友一样喜欢吃甜食，只要在栎树和栓皮栎树上涂抹蜜糖（将砂糖溶解在酒或醋中即可），第二天，就可去捉拿集聚在蜜糖上的锹形甲虫、独角仙及金龟子了。哈哈！他们上当啦！

若是在清晨去，也许会遇到夜行昆虫来舔吸树液呢！

注意： 由于有糖，蜂也会来。尤其需要注意避开具有攻击性的马蜂（→第21页）。

小小图鉴 喜欢在夜间活动的昆虫

独角仙
雄性的长度含角长8厘米左右。为夜行性，多在傍晚、夜间或黎明时被发现。

锹形甲虫
被称为具有大颚的昆虫。成虫多为夜行性。有的也喜欢在凉爽的地方白天活动。

天蛾
属属天蛾科，躯干粗壮，飞行迅速，并似鹰般盘旋，故俗名鹰蛾，吸食花蜜和树液等。

天牛
独角仙类。具有锋利的大颚。将毛发一贴近，一下就能将其夹断。

5 水杯陷阱 春夏秋冬 ★★★

准备一大一小两个塑料杯（或纸杯），在小杯内放入诱饵（糖蜜→19页）——鱼或肉馅。在大杯底部挖小孔，然后卡放在小杯上。在地面挖个与水杯大小相同的坑，设下这个水杯陷阱。第二天早上再去看，哇——这么多馋嘴的昆虫呀！

捉拿在地面行走的昆虫，这个方法最佳。

小窍门！
若在雨天设置这个水杯陷阱，会被雨淋坏。应在上面挡上木板等防雨。

6 收集夜间昆虫 春夏秋冬 ★★★

夜间昆虫喜欢什么呢？一起做个试验吧！用绳在树之间张挂白色床单，然后悬挂一盏蓝色玻璃纸覆盖的灯，金龟子、放屁虫等喜欢光的昆虫就会聚集而来。哈哈！

7 用网捕捉昆虫 春夏秋冬 ★★★

夏季郊区的森林，就是昆虫的王国。可使用捕虫网捕捉各种各样的昆虫来观察。如果不准备带它们回家，观察结束后应再放回大自然。昆虫和人一样，生命只有一次哦！要爱护它们。

● **捕虫网的正确使用方法**

❶ 发现昆虫后，要悄悄靠近它。

❷ 网靠近昆虫时将网一下子甩开。

❸ 如果捕捉到了昆虫，就急速将网回扣。这样，昆虫即使长着翅膀也逃不出去了。

小小图鉴 喜欢在白天活动的昆虫

大紫蝴蝶

喜欢聚集在栎树树液或腐烂了的果实处。

铜花金龟

为大型的金龟子类的一种。具有四角形的头部，背部呈平坦状。

花金龟

为中型的金龟子类的一种。幼虫潜在腐烂的树中生存，长成成虫后就钻进花中食用花粉。

大马蜂

虽然有引导人们寻找树液的功能，但具有很强的攻击力，一定要记住不能靠近它呦！照片为黄色大马蜂。

继续往下玩儿

和独角仙玩耍

夏天的黎明总是很美妙，要是用力摇晃一下栗子树、枹栎、栎树等，就会有意想不到的事情发生——独角仙的成虫会从天而降。和独角仙玩游戏是什么感觉呢？体验一下吧！

拔河

可以拔河呀！用绳将两只独角仙的短角捆上，驱赶它们互相用力向两边拉，这难道不是一场很精彩的拔河比赛吗？

拉车

看它力气有多大！让独角仙拖着小玩具车或其他物品走，看能拉多远。

摔跤

逗它玩。用指尖摩擦独角仙的肚子，它会变得好斗起来，摔来摔去的，好像在表演摔跤呢！

● 捏拿独角仙的方法

若捏拿不当就会将独角仙的翅膀和腿弄掉或弄伤。正确的方法是捏拿独角仙较小的角，或者像照片所示那样用手指夹持住独角仙身体结实的部分。

寻找野生动物

你近距离观察过野生动物吗？那可不是件容易事。不过，只要走进大自然，就可以发现它们的蛛丝马迹。一起去探险吧！出发——

1 寻找动物摄食的痕迹 春夏秋冬 ★★★

走在树林里，仔细观察树的果实和被啃过的小树枝等，火眼金睛的你肯定能发现动物吃过的痕迹。哇！动物的牙齿太锋利啦！这么硬的树枝都咬得动。

鹿吃剩下的

2 寻找动物足迹 春夏秋冬 ★★★

你瞧！那是不是动物留下的脚印？只要根据脚印就可以辨别动物种类、去向，还能知道它正在干什么呢！

小窍门！

冬季最容易发现动物的足迹，特别是刚下完雪，可清楚地看到许多动物的足迹。平时，在松软的地面和沙地的上面也容易发现动物足迹。

寻找野生动物

现场的蛛丝马迹

寻找足迹？够刺激吧？一起去观察吧！

现场的蛛丝马迹，是指野生动物来过这里并留下的各种标记。有兴趣吗？这项活动需要有耐心和仔细观察哦！

● 吃剩下的食物

- 如果核桃被干净的纵向分为两半掉下来，那是被松鼠吃过啦！
- 小树的茎像刀切那样断裂，那是野兔闯的祸。如果树的高处像被用力撕扯过，那肯定是羚羊和鹿干的坏事。
- 如果地上有鸟的羽毛、野兔皮和骨头，鸟和野兔肯定是被狐狸、黄鼠狼或者貂吃到肚里去啦！它们好可恶呀！

松鼠吃过的核桃

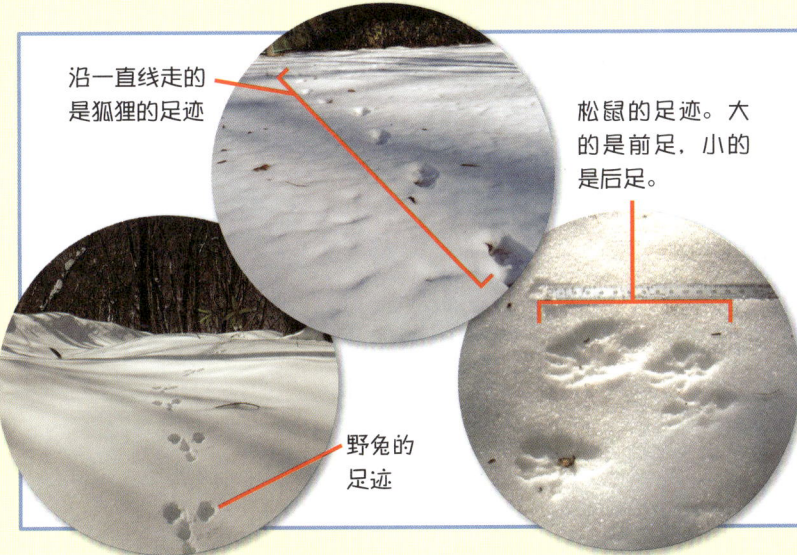

沿一直线走的是狐狸的足迹

松鼠的足迹。大的是前足，小的是后足。

野兔的足迹

● 足迹

- 雪地上最容易发现野兔的脚印，又大又粗又长的两个穴是后足，又小又圆两个纵向并列的穴是前足。
- 雪地上，走成一条直线的肯定是狐狸的脚印喽！那个可恶的家伙不会走弯路。
- 如果发现了一片混杂的各种足迹，不用想聪明的你也知道，这里曾发生过什么事儿，那场面，肯定比影视片里所有镜头都精彩。面对脚印尽情发挥你的想像吧！你会发现自己非常非常有才哦！

● 粪

- 像巧克力球一样撒落一地的是野兔的粪。
- 像葡萄穗样聚集在一起的是羚羊或鹿的粪。（右边的照片）
- 狸和狐狸的粪与人的粪相似，只是体积要小一些。

如果你看到了以下现象一定要多加注意呦！

照片是狗熊的足迹。如果发现了熊的痕迹，就必须想尽一切办法不与熊相遇。比如大声喊叫，告知对方自己的存在，并尽快离开。因为，我们的力气太小啦！是斗不过熊的。

切记： 如果你有幸进入了野生动物生活的地方，要把脚步呀呼吸呀等尽可能控制在最小限度。特别是春天，千万不要影响动物们繁育抚养后代，要是发现了巢穴样的地方千万不要进入，更不要用手电乱照动物。要是发现了熊，就要大声喊叫或弄出其他声响，一定让它知道人的存在，那样，它就不会轻易进攻了。

3 查找动物的粪便 春夏秋冬 ★★

如果发现了动物的粪便,就可研究推测它们在这里是怎样生活的(→25页)。

小窍门!

将发现的粪便带回家,用水溶解后再用纱布或滤网过滤。若是食肉动物就会发现小动物的骨头,若是食草动物就会发现植物的种子或未消化的植物纤维。这样大体就知道动物们吃了哪些东西,也就知道什么样的动物喜欢吃什么了。是不是很有意思?

4 寻找鼠洞 春夏秋冬 ★★★

进入森林后,将堆积在一起的落叶拨开,再将表面的土刮去,你会发现有一些像小朋友手腕粗细的洞洞,这就是森林小动物——姬鼠和田鼠的家了。哦!好隐蔽呀!一点阳光也照不到。

小窍门!

你想拥有一只姬鼠吗?只要在洞口放几粒葵花籽,夜晚时,静静守在近处,将手电筒用红色玻璃纸蒙上照射,你就会看到洞里的主人陆续出来领取食物了。哈哈!

小常识!

若洞口干燥或挂有蜘蛛网,说明洞里没有动物。若洞壁湿润肯定有动物住在这里。

5 寻找白颊鼯鼠 春夏秋冬 ★★★

夜晚，拿着用红色玻璃纸蒙上的手电筒照树上，要是有鼯鼠存在就会发现它们的双眼会反光。

小窍门！

"泣一噜噜"鼯鼠发出的声音不大但令人害怕。寂静的夜晚，如果有啃树枝或小树枝、残叶落下的声音，就可判断有鼯鼠存在。

小常识！

鼯鼠是夜行动物。等天完全黑下来才出来活动。它的前后肢之间有被软毛的皮褶，称飞膜。当爬到高处后，将四肢向体侧伸出，展开飞膜，就可以在空中向下往远处滑翔，因而又称飞鼠。

注意： 夜间出行，要和家长作伴，一个人可不能乱跑哟！

小小图鉴 在森林易遇到的爬行动物

菜花蛇

是在蛇的家族经常见到的一种。虽没有毒但性格暴躁，处理时一定注意不要被咬到。

蜥蜴

又称金蛇，是四脚蛇的同类。尾巴占身体的2/3。

四脚蛇

嘴小有牙齿，捕捉小昆虫。若抓住其尾部就会自行断落逃脱，然后尾巴还能重新长出。

蝮蛇

头部呈三角形。上颚生有有毒的犬齿。一旦靠得太近，蝮蛇就会喷出毒液或咬人，一定要小心远离哦！

继续往下玩儿

饲养四脚蛇和草蜥

四脚蛇和草蜥最喜欢在草地和墙壁向阳的地方活动，如果抓住四脚蛇的尾巴，它就会自行断落尾巴而逃脱。不过抓一条完整的四脚蛇好好饲养，可是一件非常有趣的事儿。想尝试吗？

用纸箱子饲养

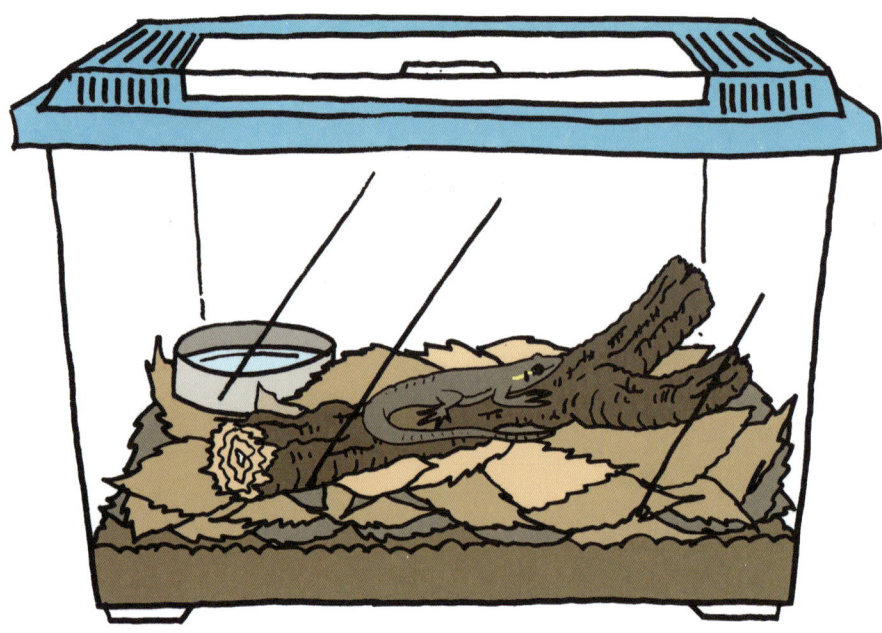

❶ 首先要在纸箱里放土，上面铺落叶、干草或树枝。

❷ 别忘了水呦！倒入缸盖就可以啦！好，一起放进纸箱里。

❸ 对它们来说，蚯蚓、蟋蟀、幼虫就是最好的美味了！

● 捕捉时要是抓住四脚蛇的尾巴，它会将尾部自行断落，所以注意不要抓它的尾巴。而抓蜥蜴的尾巴把它从饲养箱里拎出来却没问题。

用塑料瓶饲养

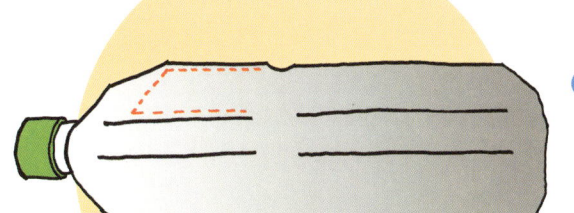

❶ 准备 2 升大小的塑料瓶,用裁纸刀切割出缺口,当作食饵的投入口。

❷ 用锥子在塑料瓶上扎几个孔,通风透气,相当于家里的窗户。

❸ 把报纸打湿,裁成细长条,用来作窝。因为它喜欢凉飕飕、湿乎乎的感觉。

❹ 记得常用水润湿报纸,勤换饮水。为了防止它逃跑,食饵的投入口一定用透明胶布固定好。

在"体验自然 启迪智慧"五大游戏系列中能够体验的例子

通过在自然中玩游戏来刺激我们的五官感觉,从而认知周围的世界,丰富我们的生活,尤其对于孩子们来说,感觉器官得到充分的锻炼,大脑各部分就会积极活跃,孩子自然聪明伶俐。

这套丛书介绍了许多在大自然中通过看、听、嗅、尝和触等各种方式来进行的游戏,以触觉为例,通过书中介绍的与动植物等自然环境有关的游戏,小朋友们可以体验到以下的感觉。

感觉	动物	植物	其他
黏滑(黏液)	鲫鱼、泥鳅、海参、小蝌蚪等鱼类和水生动物	裙带菜、海带、果囊马尾藻	黏土、山药块茎
黏胶 粘手		松脂、山药、蕨菜等能提取淀粉的根或茎	
光溜 滑溜	鼻涕虫、蜘蛛网	毛毡苔	槲寄生果实的汁液
粗糙 粗涩	草蜥、鲨鱼皮、猫舌	糙叶树、光叶榉树、玉米叶子	沙画
表面溜光	贝壳里面、独角仙、锹形甲虫、金龟子	植物果实、山茶、八角金盘的叶	附着海藻类的岩石
刺痛	海胆	苍耳、仙人掌、栗子的带刺外壳	
轻飘飘 喧腾腾	鸟的胸毛	白茅的穗、蒲公英的冠毛	
坚硬 凸凹不平	小龙虾、龟、海螺	树皮	岩石
干爽爽 沙棱棱			新降的雪、沙
热			日光照射的岩石、海滨沙滩的沙子
凉			雪、冰、冰柱

大自然物种的种类和体验

以动植物为代表的自然物包括石头、土等许多类型。通过各种的自然物可进行如下的体验

体验石头	●投石头 ●堆石头 ●寻找美丽的石头 ●用石头书写 ●在石头上涂画
体验土	●触摸土 ●土的温热和冷凉 ●挖土 ●和泥 ●制作陶器
体验水	●雨水淋浴 ●饮山泉 ●打水仗 ●浮在水面 ●海中游泳 ●过河
体验树	●触摸树 ●闻树的气味 ●收集树叶和果实 ●熟练使用木棒 ●树木 ●竹子 ●用果实做玩具
体验草	●在草丛中散步 ●拔草 ●掐草 ●闻草香 ●食草(吃野菜) ●用草游戏
体验火	●感觉热度 ●闻焦糊味 ●烟气熏人 ●点火 ●保持火种 ●灭火
体验生物	●捉拿 ●触摸 ●闻味 ●饲养 ●观看 ●听声音 ●食用
体验空白	●在黑暗中行走 ●看日出 ●林中行走 ●赏月 ●观看波浪 ●眺望大海

蓝色文字是可以在本卷中可以体验的内容

专家推荐：32件孩子在10岁前应做的事

1. 在草地上打滚
2. 玩泥巴
3. 用面团捏小玩意儿
4. 采集青蛙卵
5. 用花瓣制作"香水"
6. 在阳台上种花
7. 用硬纸板做面具
8. 用沙子堆城堡
9. 爬树
10. 在院子里挖个洞穴
11. 尽情作画
12. 自己搞一次野餐
13. 用颜料在脸上画鬼脸
14. 用沙子"埋住"自己
15. 做面包
16. 创作一个泥雕
17. 堆雪人
18. 参加一次"探险"
19. 在院子里露营
20. 烘蛋糕
21. 养小动物
22. 采草莓
23. 玩丢棍棒游戏
24. 能认出5种鸟类
25. 捉小虫子
26. 骑自行车穿过泥水坑
27. 做一个风筝并放上天
28. 用草和小树枝搭一个"窝"
29. 在公园找十种不同的叶子
30. 和人小小地打一架
31. 种菜
32. 为父母做早饭并摆到餐桌上

*摘自人民网教育频道

图书在版编目（CIP）数据

树林大探险 /（日）山田卓三主编；李同华，钟国安，钟华译.
—北京：中国农业科学技术出版社，2012.9
（体验自然启迪智慧五大游戏系列）
ISBN 978-7-5116-1064-5

Ⅰ.①树… Ⅱ.①山… ②李… ③钟… ④钟… Ⅲ.①游戏—少儿读物
Ⅳ.① G898-49

中国版本图书馆 CIP 数据核字（2012）第 203453 号

GOKAN WO MIGAKU ASOBI SERIES 3 SATOYAMA DE ASOBO
© Takuzo Yamada, Eiji Okuyama, KODOMO KURABU.
Originally published in Japan in 2011 by Rural Culture Association Japan
(NOSAN GYOSON BUNKA KYOKAI).
Chinese (in simplified character only) translation rights arranged
through TOHAN CORPORATION, TOKYO.

本书的中文简体版本经日本农山渔村文化协会授权，由中国农业科学技术出版社独家出版发行，本书内容未经出版者书面许可，不得以任何方式或者手段复制传播。

作　　者	山田　卓三（主编）　奥山　英治（绘）
翻　　译	李同华　钟国安　钟　华
出版策划	穆玉红
责任编辑	李　雪
特约审读	史咏竹　董海霞　薛桂霞　朱　绯
责任校对	贾晓红
出 版 者	中国农业科学技术出版社 北京市中关村南大街 12 号　邮编：100081
团购热线	010-82106626　82109707
电　　话	（010）82106626（编辑室）（010）82109703（发行部）
传　　真	（010）82109707
网　　址	http://www.castp.cn
经　　销	全国各地新华书店
印　　刷	北京富泰印刷有限责任公司
开　　本	850 mm × 1 192 mm　1/16
印　　张	2
字　　数	50 千字
版　　次	2012 年 10 月第 1 版　2012 年 10 月第 1 次印刷
定　　价	75.00 元（全五册）

版权所有·侵权必究

体验自然 启迪智慧
五大游戏系列 ❹

海滩大寻宝

[主编]山田 卓三 [绘]奥山 英治 [译]钟国安/李同华

中国农业科学技术出版社

序言

人类认识世界首先是从感觉开始的。我们能看到美景（视觉）、听到可爱的青蛙叫声（听觉）、闻到鲜花的芳香（嗅觉）、尝到海水的咸味儿（味觉）、感到鱼儿滑溜溜难捉难拿（触觉），这些都是五官感觉在起作用。正是依靠五官感觉，才能认知周围的世界。因为有了五官感觉，才使我们的生活变得丰富多彩！尤其对于孩子们来说，感觉器官得到充分刺激，大脑各部分就会积极活跃，孩子自然聪明伶俐。

*

保持五官敏锐感觉对我们身心健康极为重要。但是，不知道你发现了没有，生活在城市的钢筋水泥"丛林"中，我们的五官感觉（视觉、听觉、嗅觉、味觉、触觉）变得越来越弱。正如通过体育锻炼可以增强体魄一样，人的五官感觉也可以通过某些方式的锻炼得到加强。其中的一种方法就是利用传统游戏来培育我们的五官感觉。

*

这套丛书分门别类地介绍了在不同的场所或运用不同类型自然素材的各种传统游戏。第4卷海滩大寻宝，让我们一起去海滨或沙滩捕捉各种生物或者在沙滩及海浪中游戏。若发现有趣儿的游戏，请立即去大海努力尝试一下吧！通过五官感觉而得到体验和知识，将成为你终生的宝贵财富！

山田 卓三

目录

海边生物总动员
1. 观察海水洼子 …… 4
2. 触摸藤壶 …… 5
3. 铲贝壳 …… 5
4. 与雨虎交友 …… 6
5. 海星在手中的感觉 …… 6
6. 海胆在手中的感觉 …… 7
7. 海参在手中的感觉 …… 7
8. 捅海葵 …… 8
9. 让海星翻筋斗 …… 8
10. 滨螺运动会 …… 9
11. 寄居蟹搬家 …… 9
12. 翻石头 …… 10
13. 捉小蟹 …… 10
14. 钓小鱼 …… 11

海滩宝贝大探索
1. 赶海 …… 12
2. 钓双壳贝 …… 12
3. 捉竹蛏 …… 13
4. 踏蛤蜊 …… 13
5. 挖沙蟹 …… 14
6. 捉圆球股窗蟹 …… 14
7. 诱出相手蟹 …… 15

继续往下玩儿
学着饲养海洋生物 …… 16

沙子乐园趣味多
1. 赤脚在沙滩上行走 …… 18
2. 在沙滩上印脚印 …… 18
3. 挖沙坑竞赛 …… 19
4. 挖陷阱 …… 19
5. 扒沙堆 …… 19
6. 筑沙堡 …… 20
7. 倾听沙子的声音 …… 20
8. 收集铁矿砂 …… 21
9. 挖掘海滨植物的根 …… 21

继续往下玩儿
寻找、观察野鸟 …… 22

与大海亲密接触
1. 踏浪 …… 24
2. 竖立柱 …… 24
3. 向着海中的目标进攻 …… 25
4. 冲浪 …… 25
5. 品尝海水的味道 …… 26
6. 晒盐 …… 26
7. 与海藻交朋友 …… 27
8. 挤压果囊马尾藻叶的气泡 …… 27
9. 倾听夜晚大海的声音 …… 28
10. 感觉海风 …… 28
11. 夜晚大海探险 …… 29

小小图鉴
贴在岩石上的生物 …… 5
在海岸边玩儿时应注意的危险生物 …… 7
以海水洼子为家的鱼儿们 …… 11
钻入沙子中的生物 …… 13
生活于各处的蟹子 …… 15
海边植物 …… 21
可食用的海藻 …… 27

※游戏后标的 春夏秋冬 表示季节，指适合玩儿此游戏的季节。
指游戏的难易程度：★（简单）→ ★★（中等难度）→ ★★★（较高难度）。

海边 生物总动员

海边，一个带有童话色彩的地方，指的是大海与陆地的交界处，这里往往礁石林立，生活着各种各样的小生物，是人类与大海亲密接触的乐园。让我们走进这片乐园，睁大好奇的眼睛，与海边小生物一起做游戏吧！

1 观察海水洼子 春夏 秋冬 ★★★

海水洼子，是指大海退潮后留在海岸上的许多小水坑。如果静静地观察，就会发现里面其实生活着各种小生物。因为海水洼子里没有凶猛的大生物存在，所以就成了小生物们的安全港湾。

涨潮

退潮

小常识！

大海一天中要有两次涨潮和退潮，涨潮时海面变得很高，海岸被海水淹没；退潮时海水退下，海面变低；海岸处就形成了许多海水洼子。

2 触摸藤壶 春夏秋冬 ★★★

藤壶也叫马牙,是附着在海边岩石上生活的小动物,形状有点像马齿。用手抚摸时会感到它们像贝一样坚硬。有时,在海水洼子里,可以看到它们摆动着羽状触手取食的情形,精彩极了!

藤壶的壳很锋利,摸藤壶时注意不要划伤了手哦!

3 铲贝壳 春夏秋冬 ★★★

使用前端扁平的螺丝刀等工具,能撬起紧紧附着于岩石上的石鳖、松叶笠螺等,它们被煮熟后,就成了我们盘中的一道美餐了。

小常识!

石鳖是一种移动缓慢、吃水藻的软体动物,遍布世界各地,特别是在气候温暖的地区。石鳖从岩石上被撬下来时,会立即缩成圆形,看上去很像碗状圆形的膝盖骨。

小窍门!
对于钻入岩石缝里的贝类,可以用螺丝刀把它们挖出来哦。

小小图鉴 贴在岩石上的生物

藤壶
看起来很像贝,可它却是虾类或蟹类,大小在1~3毫米,外壳形状像山丘。

石鳖
形状不像贝,可却是原始类型的贝类。贝壳由8块壳板排列组成。贝壳周围带有一圈前端短圆的环带。

松叶笠螺
海螺的同类,因形状与舒展开的松叶相似,所以取名叫松叶笠螺。

龟足
不属贝类,而属于虾类或蟹类。看起来很像龟足,所以取名叫龟足。用盐水煮后非常好吃。

4 与雨虎交友 春夏 秋冬 ★★★

雨虎，又叫海兔子，它有一套很特殊的避敌本领，就是吃什么颜色的海藻就变成什么颜色。如一种吃红藻的雨虎身体呈玫瑰红色，若在水中碰它时，它释放出的液体就像飘散着的紫红色烟雾，非常好看哦！

小常识！
雨虎看起来与大的蛞蝓（kuò yú）非常相似，但其实它是属于贝类的。

5 海星在手中的感觉 春夏 秋冬 ★★★

大部分海星没有毒，对人体也没有危害，所以你可以放心地把它直接放在手上。把活海星托在手心上时，它会伸出手足样的管足，管足带有吸盘，所以手会有"怵怵"地被吸附的感觉。

注意： 虽然大多数海星很老实，但要注意也有很凶残的海星，它们生有带毒的刺，万一被刺到会很痛哦，所以在用手拿海星之前要仔细辨别一下。

小常识！
海星的腕、体盘受损或自切后，都能够自然再生，而有的海星本领更大，只要有一截残臂就可以长出完整的新海星。由于海星有如此惊人的再生本领，所以断臂缺肢对它来说是件无所谓的小事。目前，科学家们正在探索海星再生能力的奥秘，以便从中得到启示，为人类寻求一种新的医疗方法。

6 海胆在手中的感觉 春夏 秋冬 ★★★

把海胆托在手上,它会象海星一样伸出管足。若手托着它置于水中,它全身壳上的孔内就会很快地伸出大量毛刺。

注意:如果贸然去抓水中的海胆,会被它刺伤的危险。所以在海水洼子里发现了海胆时,一定要轻轻地去拿。另外魔鬼海胆的刺中含有毒素,要注意鉴别!

小常识!
海胆可生吃,是海鲜商店里常见的美味,可食用的海胆主要有马粪海胆(左侧照片)和紫海胆(右侧照片)等。

7 海参在手中的感觉 春夏 秋冬 ★★★

海参是海星的同类,放在手上时它也蠕动着伸出管足,和海星一样,因管足带有吸盘,手会有"怵怵"地被吸附的感觉。

海参的身体非常柔软、光滑!

小常识!
海参与海胆、海星同属于棘皮动物。海参的祖先原来与海胆、海星相同,外侧覆有钙化的硬壳,现在虽已渐渐退化,但在肉体中仍残留有细小的骨渣。

小小图鉴 在海边玩儿时应注意的危险生物

魔鬼海胆
多生活于岩石背面,长有细长而锋利的刺,刺中带毒,被刺后会疼很久哦。

红翅锯腹脂鲬
生活于海草间、岩石后面或底下。鱼翅前端的刺中含毒,被刺后会产生剧痛。

线纹鳗鲶
背鳍及腹鳍的刺中带有强烈毒性,偶尔会出现在海水洼子里,应注意哦。

海鳗
牙齿锋利,又被称为"海盗"。藏于水洼中时很老实,可是一旦受到侵犯就会奋起反击,应当注意!

8 捅海葵 春夏秋冬 ★★★

海葵，顾名思义，就像是海中的葵花一样。它生机勃勃，非常美丽。用手触摸在海水洼子中充分伸展着胡须的海葵时，它柔软美丽的花瓣状触手会"怵怵"地贴于我们的手指上。把手指从上端伸入它的环内时，海葵会马上收回触手，缩小身体。

小常识！
海葵与海蜇同属于刺胞动物（具有带毒的刺，它被碰时便用刺去扎，以保卫自己）。大部分海葵毒素对人体无害，然而，有的海葵也带有强毒，应当注意哦。

触手伸展着的太平洋花海葵（左）、收回触手的太平洋花海葵（右）。

9 让海星翻筋斗 春夏秋冬 ★★★

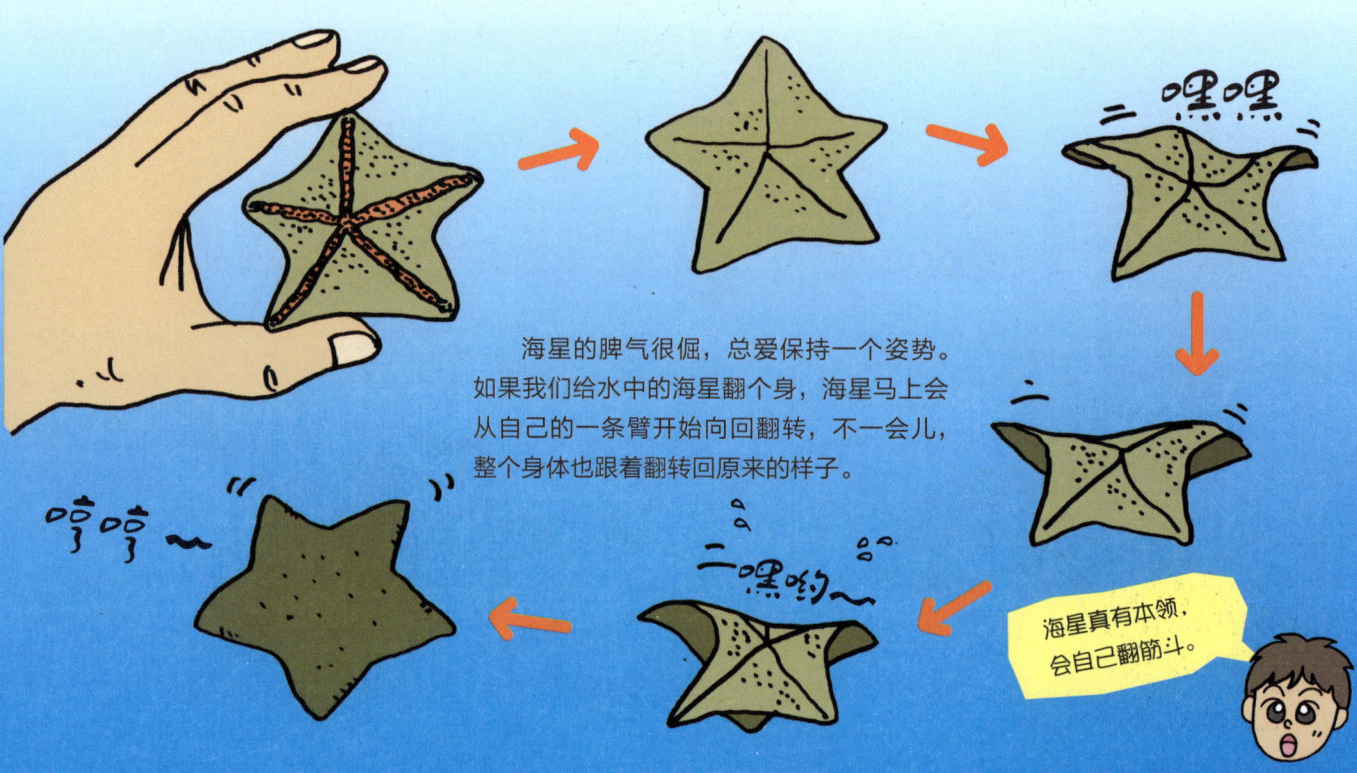

海星的脾气很倔，总爱保持一个姿势。如果我们给水中的海星翻个身，海星马上会从自己的一条臂开始向回翻转，不一会儿，整个身体也跟着翻转回原来的样子。

海星真有本领，会自己翻筋斗。

⑩ 滨螺运动会 春夏秋冬 ★★★

滨螺大量群居于海水浇不到的岩石缝内。所以当我们把滨螺放入装有海水的水杯里时，它们会拼命地向外逃。大家比一比看谁水杯中的滨螺先逃出来。

小常识！

滨螺非常讨厌海水，白天一动不动地居于海水浇不到的岩石上，夜晚涨潮时，它为了躲避海水，会不辞辛苦地连夜搬家。滨螺以长在岩石上的藻类为食。

⑪ 寄居蟹搬家 春夏秋冬 ★★★

寄居蟹是个不知满足的家伙，它总是不断地寻找更好的贝壳来寄居。我们若把贝壳放在它的旁边，然后悄悄地观察，就会发现寄居蟹开始仔细地研究起这个贝壳来。一旦觉得这个贝壳比原来的好，它就会从原来的贝壳中脱身出来，兴冲冲地钻到新"家"里去。

小常识！

寄居蟹是虾或蟹的同类。虽因覆着的贝壳不同而显示出不同的形状，但贝壳并不属于它身体的组成部分，而是另一种生物海螺的壳。认真观察从贝壳中脱身出来的寄居蟹，就会发现它身体许多部分与虾或蟹很相似。

背着贝壳的寄居蟹

寄居蟹的本来形状

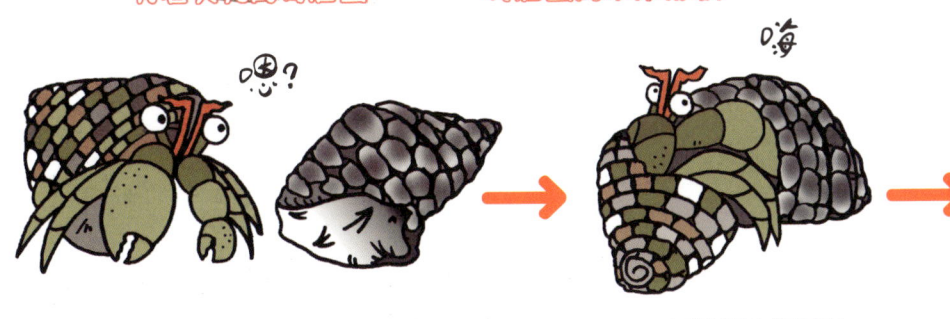

发现了新贝壳！　　　开始研究新贝壳。　　　清理贝壳内部的垃圾。

搬家结束！　　　　　　　　　　　　　丢弃旧家、搬入新居。

12 翻石头 春夏 秋冬 ★

将海岸边的大石头翻过去,会发现什么呢?沙蚕(环形动物,鱼的诱饵)、涡虫(片蛭同类)、纽虫(纽型动物)或小虾、小蟹等会一齐出动,为了寻找新家而开始忙碌啦。

注意: 石头是许多生物生活的场所,如果把石头翻过来后不恢复原状,会给这些生命造成生存困难,做完游戏后,应该把石头再恢复原状。

小窍门!
尽量寻找大石头,把它悄悄地翻过来,就会发现石头底下潜伏着好多生物呀。

13 捉小蟹 春夏 秋冬 ★★

退潮后,把海岸上的石头翻过来,许多小蟹就会跑出来,拼命地想逃到另一块石头底下躲起来。这可是捉住它们的好时机哦。

● **蟹的拿法**
摁住小蟹的身体,用两根手指横向捏住小蟹的背壳。

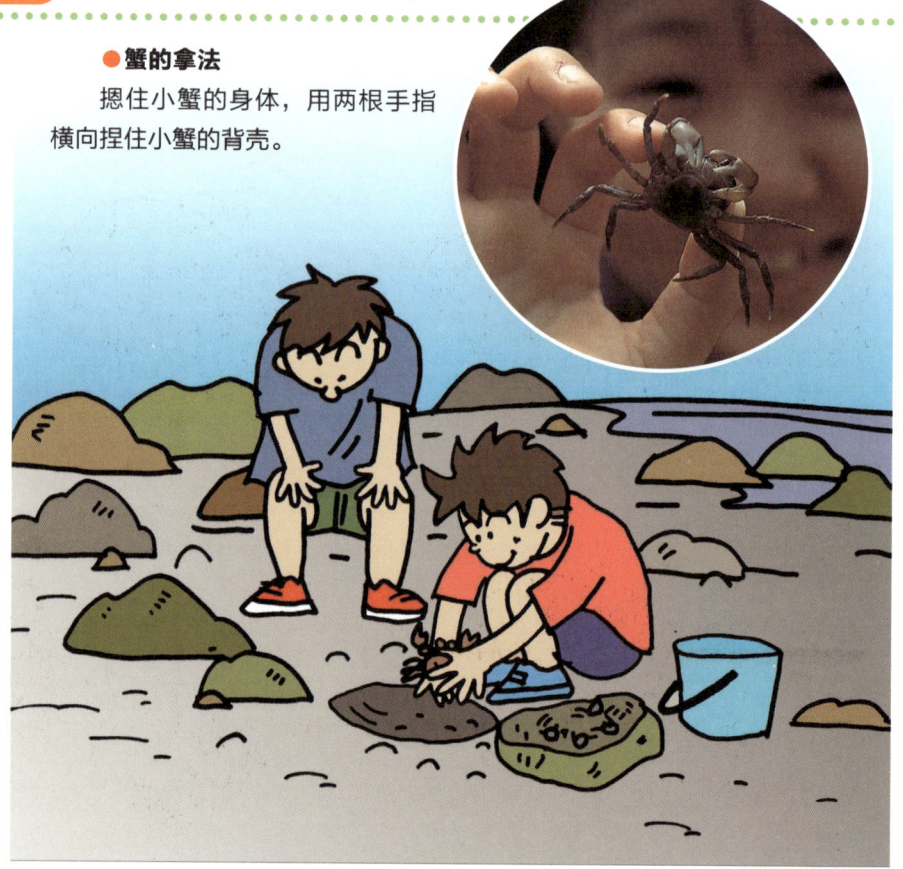

小窍门!
大蟹的夹子大而有力,被夹住后会疼痛难忍,所以捉拿时一定要注意方法。小蟹的夹子小,即使被夹住也不会很痛,然而用力过大会损伤蟹足,所以也以轻拿为宜。

14 钓小鱼 春夏秋冬 ★★★

我们准备好钓鱼的配套工具,就能去钓海水洼子里的小鱼啦。

小窍门!
用贝或寄居蟹做鱼饵,小鱼更容易上钩哦,而且钓钩越小越好。

● 配套渔具的做法
- 鱼线
- 鱼漂
- 胶管
- 鱼坠
- 小鱼钩

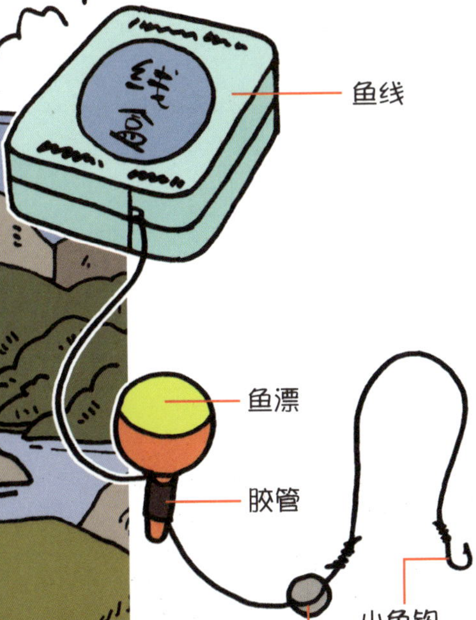

小小图鉴 以海水洼子为家的鱼儿们

板栗虾虎鱼
身体全长可达10厘米左右,可是海水洼子里的一般只有4~5厘米。背鳍和尾鳍上有小而圆的斑点。

七棘裸头虾虎鱼
身体比板栗虾虎鱼大,全长可达13厘米,在海水洼子里的多在6厘米左右,其特征为尾鳍上没有斑点,边缘发白。

美肩鳃
全长有7厘米,其特征为樱桃小嘴,身体的前端具有黑色斑纹,身体后端呈黄色,带有小而圆的斑点。

花肩鳃
生活于海水洼子里的多在6厘米左右,其特征是头上带有分支的穗状物。

沙滩宝贝大探索

表面上平静的沙滩，看起来似乎什么动静也没有，相信吗？这里生活着成千上万的生物。只要挥动你的小铁锹，向沙滩下稍微挖一下，一个热闹的生物世界就呈现在眼前了。聪明的你，还不赶快试试看！

1 赶海 春夏秋冬 ★★★

退潮了，我们赶快到海岸的滩涂或礁石上打捞、采集贝壳吧，这就是赶海呀。要尽量到浅海区。仔细搜寻，如果运气好，还真能捡到身体的一部分露在沙子外面的蛤仔、蛤蜊等。

注意： 浅海也有突然变深的地方，应当注意观察水深变化。

2 钓双壳贝 春夏秋冬 ★★★

双壳贝生活在沙滩上的浅水坑中。它有两根能伸缩的管子，分别为入水管和出水管。有了这两根管子，双壳贝即使躲在沙子底下一动不动，也能靠两根管子吸食到含有食饵的海水。如果把一根很细的铁丝插入浅坑中心，双壳贝就会关闭贝壳，夹住铁丝，从而把它们钓上来。

出水管　入水管

小常识！

贝类根据其自身的特征可分为双壳类和海螺两种。两张贝壳由关节连在一起的称为双壳贝，具旋转贝壳的称为海螺。

❸ 捉竹蛏 春夏秋冬 ★★★

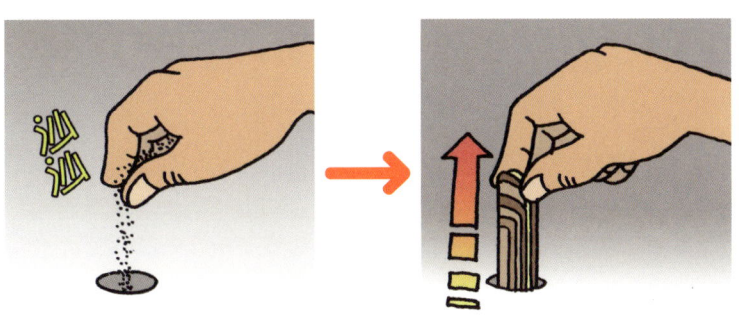

在退了潮的沙滩上，把表面的沙子向下拨 2~3 厘米深，有时可露出竹蛏栖息的水坑，向里面撒一小把盐，竹蛏就会跳出来。这时就可迅速地用手指捏住，再把它拽出来。

❹ 踏蛤蜊 春夏秋冬 ★★★

在有蛤蜊生活的大海里，走到海水约膝盖深的地方，边用脚踩踏边更换地方。如果感觉到"嘎吱"一下，那就可能是踩到蛤蜊啦。因为蛤蜊不会自己逃，所以非常容易捉到它们。

用脚试探着踩。

小小图鉴 钻入沙子中的生物

蛤仔
平时我们常见的大约有 5 厘米长，多生活在近河口沿岸和涨潮时会被淹没的浅泥沙滩上。

蛤蜊
身体全长在 8 厘米左右，大的可超过 10 厘米，与蛤仔同为双壳贝类的代表。

竹蛏
全长有 12 厘米，虽然属双壳贝，但呈筒状，退潮时隐藏于沙子深处，涨潮时才出来。

楯星
身体全长可达 10 厘米，与扁平的海胆属同类。球形海胆的同类大都生活在岩石处，但是扁平海胆的同类多生活于涨潮时会被淹没的浅泥沙滩。

5 挖沙蟹 春夏 秋冬 ★★

如果在潮水还没涨上来的地方发现了一个直径 2~3 厘米的圆形穴,并可看到灌到里面的干沙,沿着干沙一直挖下去,等挖到有湿沙的深度时,大沙蟹就有可能乖乖地躲在那里哦。

小常识!

沙蟹跟猫头鹰一样,都喜欢在夜间出来活动,多生活于水质较为干净的海滨沙滩上。白天,它们待在30~40厘米左右深的穴里休息,那里的沙子一般被海水漫过,清爽而安静,夜晚才出来透透气。当然,有时白天也会偶尔出来,但它们行动非常迅速,是不容易被捉的哦。

6 捉圆球股窗蟹 春夏 秋冬 ★★

圆球股窗蟹的巢穴旁边常有许多小沙子,我们可以根据这个线索寻找它们。因为巢穴的深度只有 10 厘米左右,所以徒手就能很容易地挖到它。

沙团子

小窍门!

把捉到的圆球股窗蟹重新放回到沙子上去,观察它是如何开心地挖巢穴的!

小常识!

圆球股窗蟹多生活在河流的入海口等的滩涂*上,潮落时我们可以见到它的身影。

* 退潮时海水退去后而露出来的泥土地或沙地。

7 诱出相手蟹 春夏秋冬 ★★★

如果发现了相手蟹的巢穴，就可以拿狗尾草或扁穗雀麦的穗在穴口来回晃动，相手蟹就会以为是敌人来了，为了反击而爬出穴外。等它确实已爬出来时，就赶快用沙子塞住巢穴，挡住它的退路，待它无处可逃时，就可以捉住它啦。

小常识！
相手蟹是在河口、沙滩、海岸附近都能见到的陆生蟹，又称磨蜞、螃蜞。因其背部形状极像一张强者严酷的脸，而得此名。

相手蟹感受威胁气息时，就会立即跑到石隙里躲起来，很难捉到，而用此方法却很容易把它诱引出来。

小小图鉴 生活于各处的蟹子

沙蟹
甲壳的体宽为2.5厘米左右，栖息于海滨沙滩上，涨潮时，在水边沙滩上挖巢穴生活，跑得特别快。

圆球股窗蟹
甲壳的体宽在1厘米以下，栖息于沙子底下的泥土里，食用沙子里含有的食饵，而把摄食后剩下的沙子做成沙团放在原处。

相手蟹
甲壳的体宽在3厘米左右，常见于河口附近的草丛等地方。甲壳呈四角形，蟹足坚硬并生有长毛。

亚洲海岸蟹
甲壳的体宽在3.5厘米左右，多生活于岸边的岩石处；但在河口附近的岩石缝里也能见到。夹子上生有紫色斑点。

继续往下玩儿

学着饲养海洋生物

大部分海洋生物是在海水中生活的，所以在学校等地方饲养海洋生物不太容易。但是，接下来介绍的生物比较容易成活哦，快来看看都有谁！

● 海葵

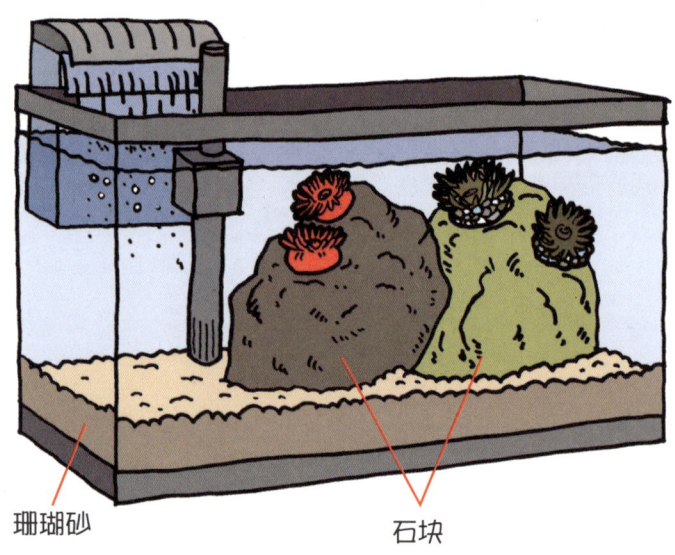

珊瑚砂　　　石块

● 给海葵喂食时，用卫生筷或竹签穿着食饵等放到海葵附近试试看，海葵会用触手把食饵移到自己的嘴边哦。

❶ 准备好装有过滤装置*的鱼缸。

❷ 海水用天然的，如果不够可补充人工海水（在卖观赏鱼的小店都有出售）。

❸ 下面铺珊瑚砂，放上从海边捡来的石块。

❹ 只要是生的蛤仔、小虾、碎鱼等动物性食品都可以做食饵，但是海葵的消化需要时间，不需要每天喂食，大约一周喂一次即可。

❺ 两周换一次水，每次换水量在 1/3 左右。

* 也称过滤器，有设置于鱼缸的上部、底部和外部等多种类型。根据鱼缸的种类、使用目的等可选用不同的过滤器，此处使用的是设置于外侧的类型。

寄居蟹

石块

石砾

❶准备好装有过滤装置的鱼缸。

❷海水用天然的，如果不够可补充人工海水（在卖观赏鱼的小店都有出售）。

❸下面铺上石砾，放入石块，石块的高度以蟹子能升至水面为宜。石块也可作为蟹子隐身的家。

❹碎鱼、章鱼、墨斗鱼、贝等动物性食品都可以做食饵。

❺水脏了要及时换。*

- 寄居蟹时常会换换贝壳居住，可多放几个贝壳供它搬家用。
- 在一个鱼缸里同时饲养多只蟹子时，易发生自相残食的现象。要想养好蟹，最好以单独饲养为宜。

*水的浑浊程度，因食饵的种类及水量而异。水少时容易脏，最好尽量多放水。

沙子乐园趣味多

光着脚丫，在海滨的沙滩上尽情奔跑，是多么开心的一件事啊。干沙、湿沙、细沙、粗沙……踩上去，各种不同的奇妙感觉。俯下身，看看生长在沙滩中的植物，呀！一个新的大千世界就在眼前。

1 赤脚在沙滩上行走 春夏 秋冬 ★★★

赤脚行走在海边的沙滩上，粗沙、细沙、干沙、湿沙，体验与沙子亲密接触的美妙感觉。浪花唱着歌儿跑来，亲亲你的小脚丫，让你的脚也像埋进了沙子中，那感觉好舒服哦！

注意： 在沙滩上行走或奔跑时，一定要注意脚下安全，看看沙子里是否落有碎玻璃等危险物。

小常识！
沙滩如果经过了海水的浸泡，会变得很紧很硬实，在上面奔跑起来也会感觉特别轻松。而在干沙上奔跑时，脚却会陷到沙子里，很难跑快。

2 在沙滩上印脚印 春夏 秋冬 ★★★

在沙滩上的各个地方印上自己的脚印，试试看在湿沙和干燥的沙子上留下的脚印有何不同？

根据沙子含水量的不同，印脚印时的难易度也各异哦。

3 挖沙坑竞赛 春夏秋冬 ★★★

咱们比赛，看谁挖的沙坑深！

小常识！

在入海口的沙地（→14页）上挖沙坑时，往往边挖边有水渗进来，沙子变得湿漉漉的很难向深处挖。在具流动性、含水量大的沙土地上，可以体验出沙子的性格。

4 挖陷阱 春夏秋冬 ★★★

首先用锹挖一个约20~30厘米的圆坑，在坑上边放上较细的木棍儿，再把落在岸边的海草等铺在细木棍上，最后在上面覆盖上干沙，陷阱完工。

陷阱做成后，自己先上去踩踩试试看，即使事先做好了掉下去的心理准备，真掉下去时，也会吓一大跳！好害怕啊！

注意： 应注意防止他人也掉入陷阱，游戏结束后，要把陷阱填平，恢复原状。

5 扒沙堆 春夏秋冬 ★★★

在沙滩上，几个小伙伴先一起堆一个大沙堆，并在沙堆顶尖处插上一根木棍，然后大家轮流从沙堆周围向外掏沙子。每次掏去的沙子多少没关系，但应注意尽量不使木棍儿倒下来。最后，谁使木棍儿倒下了，谁就失败了，举手投降！

小窍门！

"哗啦、哗啦"响的干燥沙子堆不成大沙堆，把沙子浇上水后再堆，或直接使用含水的湿沙才能堆得好，堆得大。

6 筑沙堡 春夏秋冬 ★★★

让我们在海滨的沙滩上共同筑沙堡，使用湿沙是关键的一环。

小窍门！

把沙子放入塑料桶内，掺入海水，使沙子结成块（砣）。将桶口倒过来向下，把沙块倒出来后按顺序堆好，就可筑成坚固的城堡。掺多少海水正合适，大家试着摸索吧。

7 倾听沙子的声音 春夏秋冬 ★

沙子也是有声音的。当踩着脚在美丽的海滩上行走时，就会听见"噗噗"、"扑哧扑哧"的声音，就像沙子在哭。一年四季都能听到这样的声音，特别是春季和夏季沙子特别干燥时，音色更美。穿着鞋走时比光着脚走更容易出声。

小常识！

鸣沙这种自然现象在世界上不仅分布广，而且沙子发出来声音也是多种多样的。比如说，在美国夏威夷群岛的高阿夷岛上的沙子，会发出一阵阵好像狗叫一样的声音，所以人们称它是"犬吠沙"。苏格兰爱格岛上的沙子，却能发出一种尖锐响亮声音，就好像食指在拉紧的丝弦上弹了一下。沙子从中国的鸣沙山上滚下来，就会发出轰隆的巨响，像打雷一样。

8 收集铁矿砂 春夏秋冬 ★☆☆

把磁铁伸到沙子中搅拌搅拌，沙子里的铁矿砂就会吸附到磁铁上。把大量的铁矿砂薄薄地铺满在鞋垫上，再在鞋垫的下面贴上磁铁走动时，铁矿砂也被吸附而随着移动。

小窍门！
把磁铁装在透明的塑料袋里，使其与铁矿砂隔离时，更容易收集哟。

9 挖掘海滨植物的根 春夏秋冬 ★★☆

海滨植物主要是指在海滩生长、培育的植物，其特征是根及地下茎（匍匐于地下的茎）比较长。把各种地下茎挖出来，比较一下它们的长短，看哪个更长？

继续加油挖下去，甚至可挖到几米长的根呢。

小小图鉴 海边植物

滨旋花（肾叶打碗花）
茎呈左旋藤状，但多数为沙面上的匍匐茎。在5~6月开花，花形相似于矮牵牛，果实大而圆。

沙钻苔草（筛草）
传说大禹治水时，吃饭时米粒不小心掉入水中，后随水流至东海洲上长成了筛草。筛草的果实含淀粉，可磨粉食用或酿酒。

海滨玫瑰
茎上密生刺与短毛，秋天果实累累，果实深红色，既可生食也可加工成美味的果酱。

无翅猪毛菜
茎黄绿色，光滑，其幼叶或茎煮过后，与海藻一样可食，植物体内含有大量盐分。

继续往下玩儿

寻找、观察野鸟

海岸边遮挡视线的建筑很少，视野广阔，是容易发现野鸟的地方。如果发现了野鸟，将它们分群，然后仔细观察各个鸟群都在进行哪些活动？

●野鸟的体型

水边的野鸟多数为中型到大型，从远处就能观察到。请参考右边的 5 种体型，试着对海边的野鸟进行观察和分类吧。

● 在水中漂游的鸟

海鸥类
与野鸭类相比较，喙（嘴）细长。野鸭类不太喜欢在陆地上休息，而海鸥类在陆地休息的时候却有很多。

野鸭类
钻在水里，脚长在身体的后部。

● 能在地面站立、行走的鸟

白鸻类
脖颈短，
腿短。

鹬类
脖颈短，
腿长。

鹭鸶类
脖颈长，
腿长。

● 野鸟的分类方法包括"大小或体形"、"姿势"、"跳法"、"走法"、"颜色或模样"等。让我们比较一下它们的各种部位吧。

● 认真地观察一下脚印的形状，脚印大的是海鸥或野鸭，小的是鹬类、白鸻类和鹭鸶类。图片中为各种野鸭的脚印。

与大海亲密接触

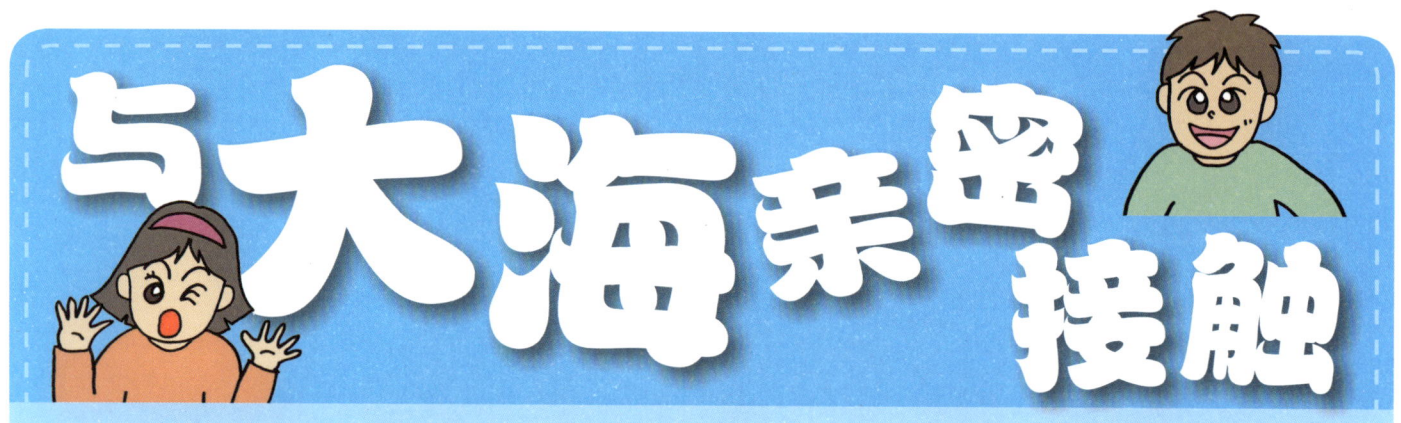

只站在海岸上观察或在沙滩上行走,那是远远不够的。要想了解大海,你还必须到海里去,亲身体验一下海水的温度、流速、味道、气味和韵律等,尽量地启动、利用你的五官感觉,你将会感到大海更加趣味横生、奥秘无穷,你会更加热爱大海的!

1 踏浪 春夏秋冬 ★☆☆

海上浪花开了,赶紧到海上去吧。踏浪,就是不需任何其他器具的帮助,只身进入到靠近岸边的浅海处玩的方法。在波浪涌向海岸时,勇敢地跳入浪中,开始是看着海浪面对海浪跳,熟练后可背朝波浪合着波浪的节奏跳。快来踏踏看啊!

小常识!

波浪顺风而起,开始起风时,海上只起小小涟漪,随着风速变大,海浪也渐渐变大,浪花变高。此时,海浪加速,波涛汹涌,大浪滔天。波浪冲到近岸边的浅滩时,白色浪花四溅,波浪消失。

2 竖立柱 春夏秋冬 ★★☆

海浪往后退的时候,拿着一根小棍插到浪花退去的路上,浪花再次涌来,赶紧跑掉,千万不要沾湿了脚。谁的木棍插得最远,谁就赢喽!

如果脚被海水打湿了,那么我们继续比赛,看这次谁能在自己的衣服不被海水打湿的情况下,把立柱竖得更远。

③ 向着海中的目标进攻 `春夏秋冬` ★★☆

看！海里正漂流过来一块木头，那就是我们的敌人，向着目标进攻！用石头打！

因为海浪在不断地运动，目标也就在不断移动，还真难打中呢。

注意：进行游戏前，要注意看附近是否有人。另外，空的易拉罐或塑料泡沫等人工制品可造成海域污染，应当尽量以木块等自然物为目标哦！

④ 冲浪 `春夏秋冬` ★☆☆

套上游泳圈，或抱着浮板，在安全海域内，尽量到浅海的较远处，去试着冲浪吧！

注意：下海时一定要事先得到家长的允许，绝对不要一个人单独下海哦！

小常识！

我们观察波浪时，总认为是海水在动，其实海水本身并没有动。当我们亲身去海里冲浪时才会真正发现：海水并不流动，而只是在同一地方进行上下的涌动。

5 品尝海水的味道 春夏秋冬 ★★★

想知道海水的味道吗？如果你刚从海里出来，那就舔一舔附在自己手臂上的海水吧。咸咸的，对吧？如果想多品尝一点，那一定要先用淡水稀释几倍后再进行哟。

小常识！

把海水稀释为原来的4倍时，则差不多相当于人体血液中盐分的浓度(0.9%)。这往往让我们联想起受伤时舔到的自己血液的味道！

6 晒盐 春夏秋冬 ★★★

在晴朗的天气里，我们把海水放在很浅的铁板或盘子里，放在太阳下晒。随着水分的蒸发，即可发现在容器的周围有盐粒出现。太神奇啦！

别说，舔一下尝尝，还真咸。

小常识！

传说，中国古代炎帝时就教化民众"煮海为盐"；后来，中国福建考古发掘出土多件煮盐工具，证明早在公元前5000年至公元前3000年（仰韶文化时期）人们就利用海水煮盐；至明朝永乐年间（1403-1424年），有文字记载中国开始废锅灶、建盐田，改蒸煮为日晒，使得制盐工艺不断向前发展。

7 与海藻交朋友 春夏秋冬 ★★★

无论是颜色还是手感，海藻都与陆地植物有很大的差异。把打上来的海藻收集在一起，根据手感进行一下分类试试看：滑溜溜的、黏乎乎的……有的海藻虽然看上去外观相同，但手感却大不一样啊。

可以生食的海藻，在市面作为海藻凉菜在出售。

8 挤压果囊马尾藻叶的气泡 春夏秋冬 ★★★

在海滨可捞到各种海藻。果囊马尾藻类的叶片因生有气泡，用手挤压着玩儿时，可发出"叭、叭"的声响。可真有意思！

小常识！

海藻因为没有茎，所以不能直立着生长发育。而果囊马尾藻类生有称为气泡的"浮子"，所以可直立生长。

小小图鉴 可食用的海藻

海莴苣

呈鲜绿色的海藻，像长浒苔一样可用于生产拌饭吃的调味品。含水状态时非常滑，所以在海岸步行时要注意。

裙带菜

没加热前，呈褐色；加热时，呈绿色。位于茎基部的环状突起物，叫做袍子叶，也可食用。

石花菜

也称"红丝"，是生产凉粉及琼脂的原材料。紫红色或深红色，直径在1毫米左右，像树木的枝条一样，具有许多分杈。

发菜

与石花菜同为琼脂的原材料。水煮过后呈深绿色，用冰水过水后调橙子汁食用或用于生鱼片的配菜。

9 倾听夜晚大海的声音 春夏秋冬 ★★★

静静的夜晚，站在大海边侧耳倾听一下吧。波涛、海风、驶过的轮船声……你能听到什么样的美妙之声呢？

小窍门！
如果发现了海水洼子，请你暂时停下自己的脚步，侧耳听一下，或许夜晚的海水洼子里，会传来白天躲避起来的蟹子等动物活动的声音哦。

10 感觉海风 春夏秋冬 ★★★

海边，是多风的地方，而且不同的天气，不同的时间，风的强度和方向总是有着不同的变化。在沙滩放风筝则是感觉海风的最好游戏哦。

海边的风特别好，最适合于放风筝了。

小常识！
空气总是由冷空气一方向暖空气一方移动。陆地的空气易冷易热，所以白天陆地空气变热时，风为由海里吹向陆地的"海风"。夜间海水温度高，所以风为由陆地吹向大海的"陆风"。

⑪ 夜晚大海探险 春夏秋冬 ★★★

夜晚，让我们带上手电筒，去大海探一次险吧！在海岸及沙滩上可观察到生物们与白天截然不同的活动。皎洁的月亮出来了，还可欣赏到大海上美丽的月亮光芒！

小窍门！

在人工照明照不到的地方，关掉手电筒，静静地待上30分钟，可感觉到漆黑、庄严而凝重的神秘气氛。

小常识！

海中能发光的生物有夜光虫和海萤。夜光虫大小在1毫米左右，属浮游生物*。随着海浪的波动，受到冲击的刺激时而发光。海萤也为大小在2~3毫米左右的浮游生物，为威吓敌人或向同伴通知有敌情而发光。

*浮游生物是指浮游于水中或水面，非常小的生物，具有既像植物那样的光合成作用的植物性，又有摄取食饵食用的动物性。

石鳖（→5页）白天躲在岩石的缝里，但是到了夜晚可看到它边移动边啃下岩石表面的藻类，它是在吃宵夜吗？

在"体验自然 启迪智慧"五大游戏系列中能够体验的例子

通过在自然中玩游戏来刺激我们的五官感觉,从而认知周围的世界,丰富我们的生活,尤其对于孩子们来说,感觉器官得到充分的锻炼,大脑各部分就会积极活跃,孩子自然聪明伶俐。

这套丛书介绍了许多在大自然中通过看、听、嗅、尝和触等各种方式来进行的游戏,以触觉为例,通过书中介绍的与动植物等自然环境有关的游戏,小朋友们可以体验到以下的感觉。

感觉	动物	植物	其他
黏滑(黏液)	鲫鱼、泥鳅、海参、小蝌蚪等鱼类和水生动物	裙带菜、海带、果囊马尾藻	黏土、山药块茎
黏胶 粘手		松脂、山药、蕨菜等能提取淀粉的根或茎	
光溜 滑溜	鼻涕虫、蜘蛛网	毛毡苔	槲寄生果实的汁液
粗糙 粗涩	草蜥、鲨鱼皮、猫舌	糙叶树、光叶榉树、玉米叶子	沙画
表面溜光	贝壳里面、独角仙、楸形甲虫、金龟子	植物果实、山茶、八角金盘的叶	附着海藻类的岩石
刺痛	海胆	苍耳、仙人掌、栗子的带刺外壳	
轻飘飘 喧腾腾	鸟的胸毛	白茅的穗、蒲公英的冠毛	
坚硬 凸凹不平	小龙虾、龟、海螺	树皮	岩石
干爽爽 沙棱棱			新降的雪、沙
热			日光照射的岩石、海滨沙滩的沙子
凉			雪、冰、冰柱

大自然物种的种类和体验

以动植物为代表的自然物包括石头、土等许多类型。通过各种的自然物可进行如下的体验

体验石头	● 投石头　● 堆石头　● 寻找美丽的石头　● 用石头书写　● 在石头上涂画
体验土	● 触摸土　● 土的温热和冷凉　● 挖土　● 和泥　● 制作陶器
体验水	● 雨水淋浴　● 饮山泉　● 打水仗　● 浮在水面　● 海中游泳　● 过河
体验树	● 触摸树　● 闻树的气味　● 收集树叶和果实　● 熟练使用木棒　● 树木　● 竹子　● 用果实做玩具
体验草	● 在草丛中散步　● 拔草　● 掐草　● 闻草香　● 食草(吃野菜)　● 用草游戏
体验火	● 感觉热度　● 闻焦糊味　● 烟气熏人　● 点火　● 保持火种　● 灭火
体验生物	● 捉拿　● 触摸　● 闻味　● 饲养　● 观看　● 听声音　● 食用
体验空白	● 在黑暗中行走　● 看日出　● 林中行走　● 赏月　● 观看波浪　● 眺望大海

蓝色文字是可以在本卷中可以体验的内容

专家推荐：32件孩子在10岁前应做的事

1. 在草地上打滚	17. 堆雪人
2. 玩泥巴	18. 参加一次"探险"
3. 用面团捏小玩意儿	19. 在院子里露营
4. 采集青蛙卵	20. 烘蛋糕
5. 用花瓣制作"香水"	21. 养小动物
6. 在阳台上种花	22. 采草莓
7. 用硬纸板做面具	23. 玩丢棍棒游戏
8. 用沙子堆城堡	24. 能认出5种鸟类
9. 爬树	25. 捉小虫子
10. 在院子里挖个洞穴	26. 骑自行车穿过泥水坑
11. 尽情作画	27. 做一个风筝并放上天
12. 自己搞一次野餐	28. 用草和小树枝搭一个"窝"
13. 用颜料在脸上画鬼脸	29. 在公园找十种不同的叶子
14. 用沙子"埋住"自己	30. 和人小小地打一架
15. 做面包	31. 种菜
16. 创作一个泥雕	32. 为父母做早饭并摆到餐桌上

*摘自人民网教育频道

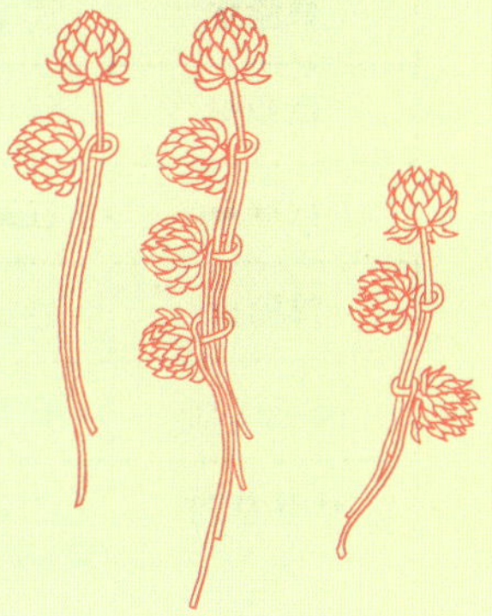

图书在版编目（CIP）数据

海滩大寻宝/（日）山田卓三主编；李同华，钟国安，钟华译.
—北京：中国农业科学技术出版社，2012.9
（体验自然启迪智慧五大游戏系列）
ISBN 978-7-5116-1064-5

Ⅰ.①海… Ⅱ.①山… ②李… ③钟… ④钟… Ⅲ.①游戏—少儿读物
Ⅳ.① G898-49

中国版本图书馆 CIP 数据核字（2012）第 203454 号

GOKAN WO MIGAKU ASOBI SERIES 4 SATOUMI DE ASOBO
© Takuzo Yamada, Eiji Okuyama, KODOMO KURABU.
Originally published in Japan in 2011 by Rural Culture Association Japan
(NOSAN GYOSON BUNKA KYOKAI).
Chinese (in simplified character only) translation rights arranged
through TOHAN CORPORATION, TOKYO.

本书的中文简体版本经日本农山渔村文化协会授权，由中国农业科学技术出版社独家出版发行，本书内容未经出版者书面许可，不得以任何方式或者手段复制传播。

作　　者	山田　卓三（主编）　奥山　英治（绘）
翻　　译	李同华　钟国安　钟　华
出版策划	穆玉红
责任编辑	李　雪
特约审读	史咏竹　薛桂霞　王小萍　朱　绯
责任校对	贾晓红　范　潇
出 版 者	中国农业科学技术出版社 北京市中关村南大街 12 号　邮编：100081
团购热线	010-82106626　82109707
电　　话	（010）82106626（编辑室）（010）82109703（发行部）
传　　真	（010）82109707
网　　址	http://www.castp.cn
经　　销	全国各地新华书店
印　　刷	北京富泰印刷有限责任公司
开　　本	850 mm×1 192 mm　1/16
印　　张	2
字　　数	50 千字
版　　次	2012 年 10 月第 1 版　2012 年 10 月第 1 次印刷
定　　价	75.00 元（全五册）

版权所有·侵权必究

体验自然 启迪智慧
五大游戏系列 ⑤

自然
大恩惠

[主编]山田 卓三 [绘]奥山 英治 [译]钟 华／钟国安

中国农业科学技术出版社

序言

人类认识世界首先是从感觉开始的。我们能看到美景（视觉）、听到可爱的青蛙叫声（听觉）、闻到鲜花的芳香（嗅觉）、尝到海水的咸味儿（味觉）、感到鱼儿滑溜溜难捉难拿（触觉），这些都是五官感觉在起作用。正是依靠五官感觉，才能认知周围的世界。因为有了五官感觉，才使我们的生活变得丰富多彩！尤其对于孩子们来说，感觉器官得到充分刺激，大脑各部分就会积极活跃，孩子自然聪明伶俐。

*

保持五官敏锐感觉对我们身心健康极为重要。但是，不知道你发现了没有，生活在城市的钢筋水泥"丛林"中，我们的五官感觉（视觉、听觉、嗅觉、味觉、触觉）变得越来越弱。正如通过体育锻炼可以增强体魄一样，人的五官感觉也可以通过某些方式的锻炼得到加强。其中的一种方法就是利用传统游戏来培育我们的五官感觉。

*

这套丛书分门别类地介绍了在不同的场所或运用不同类型自然素材的各种传统游戏。第5卷自然大恩惠，我们一起来尝试利用各种自然物做游戏的乐趣。使用各种树枝做手工，利用各种自然花草、树木的果实来染色，还可以亲自品尝野菜或树木果实的芳香，我们灵巧的双手将使这些自然物获得活力。若感到有趣儿，请立即去到大自然中去！五官感觉得到体验和知识，将成为你终生的宝贵财富！

山田　卓三

目录

大自然的手工课
1. 木头陀螺转转转 …………… 4
2. 松树皮游艇哗哗哗 …………… 5
3. 木头转筒嗡嗡 …………… 6
4. 制作空竹 …………… 6
5. 竹蜻蜓飞飞飞 …………… 7
6. 竹筒水枪滋滋滋 …………… 8
7. 竹筒喷泉呼呼呼 …………… 8
8. 竹筒气枪啪啪啪 …………… 9
9. 竹制潘笛嘀嘀嘀 …………… 10
10. 竹制水笛啾啾啾 …………… 10
11. 竹制木屐咔嚓嚓 …………… 11
12. 黏土铃铛叮叮当 …………… 12

大自然的颜色
1. 拓染 …………… 14
2. 印染 …………… 15
3. 草木染色 …………… 16
4. 黏土染色 …………… 18
5. 木头彩色项链 …………… 19
6. 柿油染纸 …………… 19

继续往下玩儿
奇特的果实和叶片 …………… 20

大自然的味道
1. 品尝千日红 …………… 22
2. 嚼酸模叶 …………… 22
3. 吸茅根汁 …………… 23
4. 吃虎杖茎 …………… 23
5. 舔盐肤木果 …………… 23
6. 煮野菜 …………… 24
7. 凉拌蕨菜 …………… 24
8. 软炸车前草 …………… 25
9. 鱼腥草茶 …………… 25

大自然的馈赠
1. 烤橡子小饼干 …………… 26
2. 树莓果酱 …………… 27
3. 栀黄豆香糯米饭 …………… 28

小小图鉴
能用作气枪弹丸的果实 …………… 9
适合染色的树木及植物果实 …………… 15
春天七菜 …………… 23
可以当作食物的野花 …………… 25
可以直接生食的植物果实 …………… 27

※游戏后标的 春夏秋冬 表示季节，指适合玩儿此游戏的季节。
指游戏的难易程度：★（简单）→ ★★（中等难度）→ ★★★（稍高难度）。

大自然的手工课

生活中随处可见的木头，结实又耐用，是加工、制作玩具的好材料。让我们充分利用树木的自然特征，做成玩具一起玩吧！田间的黄土、黏土也能做有趣的游戏哟！你知道该如何去玩吗？让我们一起来动手吧！

① 木头陀螺转转转　春夏秋冬　★★

用鞭子抽打，陀螺就会旋转，所以称之为"抽陀螺"。"1、2、3！"大家一齐开始抽打，哇！转得好快呀！像芭蕾舞演员一样。最后，按陀螺旋转时间长短来决定名次，时间最长的当然是冠军啦！这可是国际惯例呦！

● 做法

○ 陀螺

把圆木的一端，像削铅笔一样削成图示的形状。

5~10厘米　4~8厘米

● 陀螺是怎么旋转的呢？

首先，把抽陀螺的鞭子卷在陀螺上，使它直立在地面上。用手指按住陀螺，然后迅速向回拉鞭子。接着用鞭子横向抽打陀螺的侧面，就使它能长时间维持旋转状态啦！试试吧！

小窍门！
陀螺很难维持平衡，因此，应尽量选择纹理好的圆形木头为材料。

○ 陀螺鞭

用结实的细线，把宽为2厘米、长为80厘米的细长带子捆扎在长约40厘米的树枝或竹棍上。

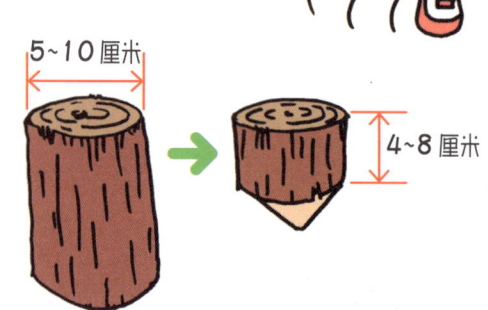

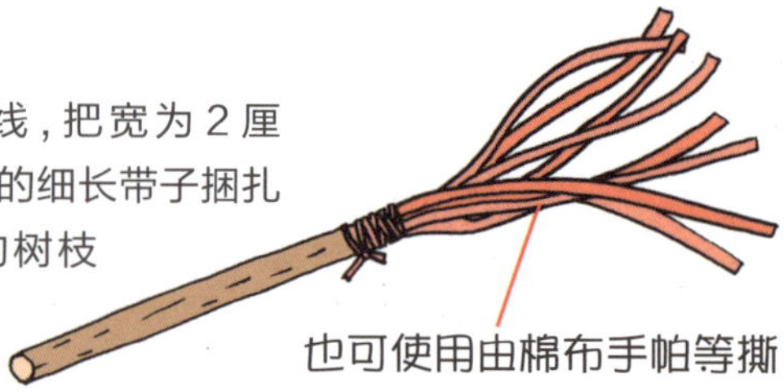

也可使用由棉布手帕等撕成的布条

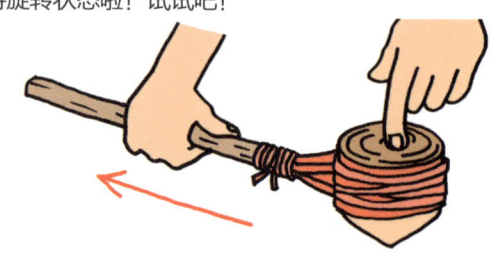

注意： 用刀削木头时要注意安全哦！

2 松树皮游艇哗哗哗 春夏秋冬 ★★☆

松树皮做游艇？太有创意啦！一起动手吧！把松树皮做成小船儿，船尾处贴上一块松脂，"游艇"就会在水中慢慢移动起来。树叶呀、蚂蚁呀，可以乘坐游艇远航啦！

● 制作方法

先把松树皮的外端削成游艇状，然后从内侧掏空，再把前部削成"V"字形，在游艇尾部贴上松脂。

松脂所贴的位置决定游艇的前进方向。

松脂

小窍门！

如果在松树皮"游艇"的后面贴上樟脑，"游艇"会跑得更快哦！要不要尝试一下？

*夏天的时候，妈妈经常会把樟脑球放入衣柜里，以防虫蛀衣服。

小常识！

松脂是松树干的渗出液，非常黏，具有防虫护树的作用。松脂不溶于水，而是在水面上形成一层膜向外扩散。游艇随着松脂膜的扩散而前进。开动脑筋想一想，游艇在水中滑行时，松脂起了什么作用呢？

3 木头转筒嗡嗡 春夏秋冬 ★★

手柄：先把卫生筷的一端刻上槽，槽内涂上松脂（如图所示），再把风筝线的一端系成环状套在槽内。竹筒：选择一段竹筒，将一端用不干胶封严，再在不干胶中间钻个小孔。连接：把风筝线的另一端穿入竹筒的孔中打上结，然后在竹筒里面用透明胶带固定，以防止线脱落。当我们手拿卫生筷在空中旋转时，风筝线与松脂间因摩擦就会发出"嗡嗡"的响声。时快时慢，抑扬顿挫。

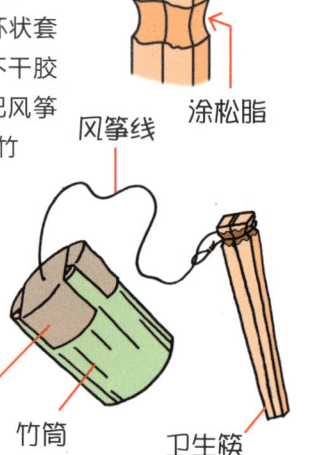

涂松脂
风筝线
不干胶
竹筒
卫生筷

4 制作空竹 春夏秋冬 ★★★

准备一段粗约4~6厘米的竹子，（按图示步骤）作成托球的球端部和托球部，然后组成托球。

● 制作方法

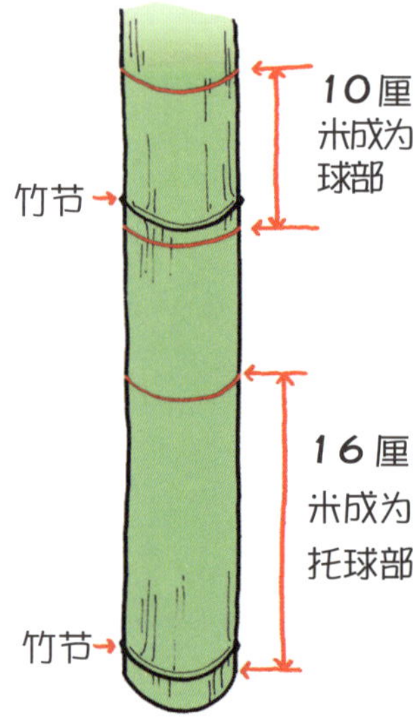

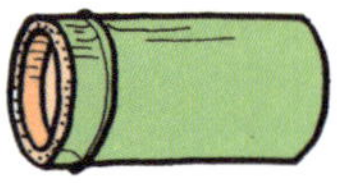

竹节
10厘米成为球部
16厘米成为托球部
竹节

○ 球端部
在竹节中央用锥子钻一个能穿过线的孔。

切进去至2/3处

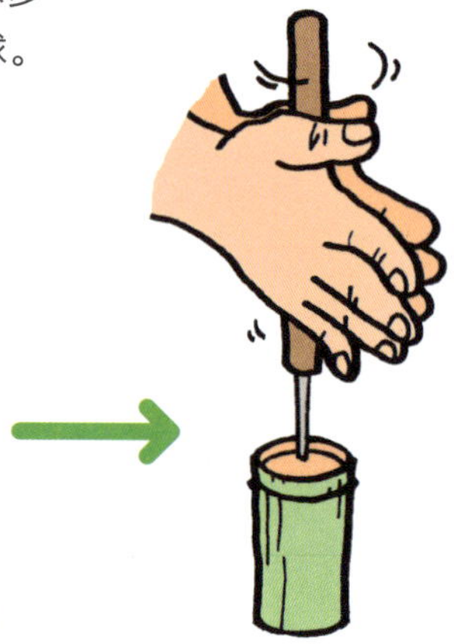

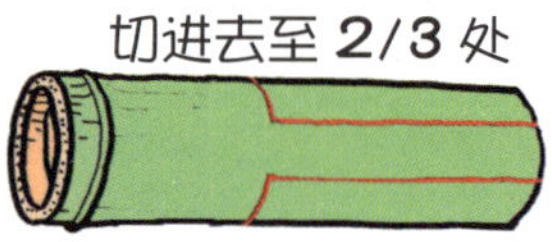

○ 托球部
按图示的方法切入，用锥子钻一个能穿过线的孔。

钻孔

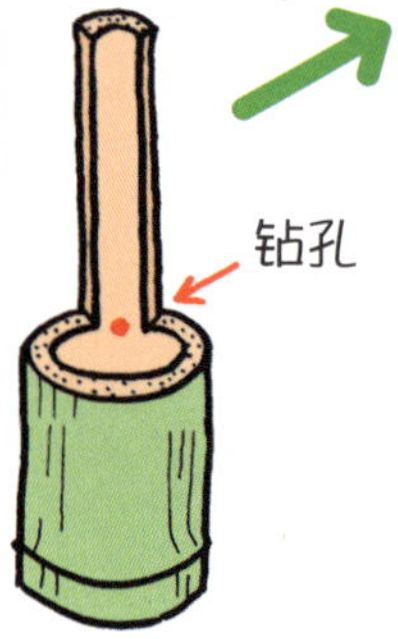

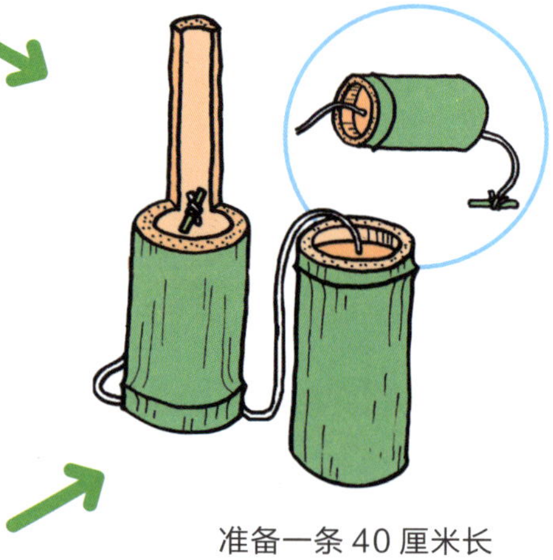

准备一条40厘米长的风筝线，（按图示）把球端部和托球端连在一起，托球就诞生了。为防止脱落，线的两端各系一块碎竹板，就OK了。

注意：锯竹子或用刀时，一定与家长一起进行哦！

5 竹蜻蜓飞飞飞 春夏秋冬 ★★★

在1400多年前竹蜻蜓玩具就出现了，它的年龄可不小哦！制作竹蜻蜓并不难，关键是要仔细削薄竹片，把握好左右两只翅膀的平衡。

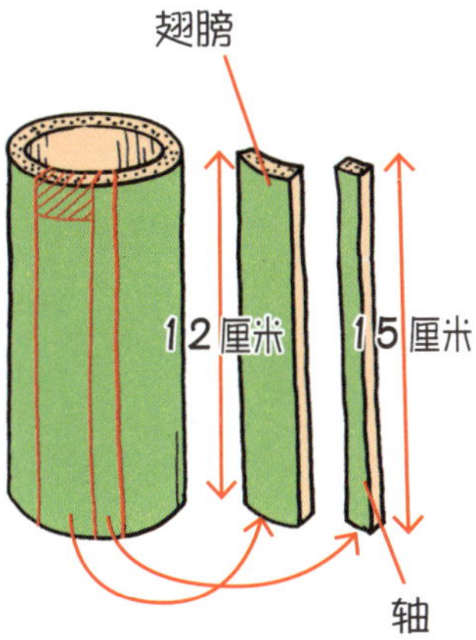

●制作方法

先把竹子分别截成12厘米（成为翅膀的部分）和15厘米（成为轴的部分）长的两段，轴的宽度为5~6毫米；翅膀的宽度为13~15毫米。在成为翅膀的竹片中心用锥子钻一个3~4毫米的孔。

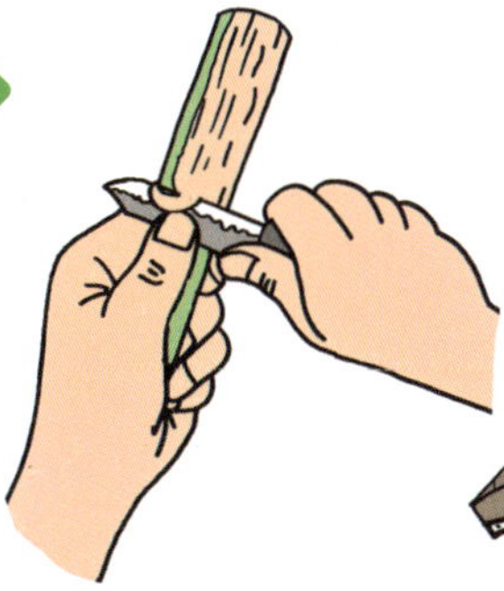

将竹片（按图示）拿在手里，用刀由内向外呈斜向削下去。横截面就呈现出三角形啦！

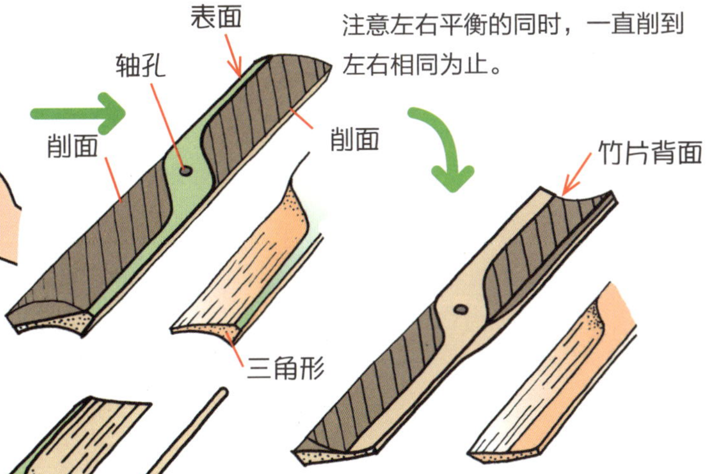

注意左右平衡的同时，一直削到左右相同为止。

表面削好后，背面也以同样方法处理。削成（图示）厚度在1.5~2毫米左右的薄片，翅膀上留有绿色的条状部分稍微厚些，相反的部分则很薄，会飞得更高，更远。

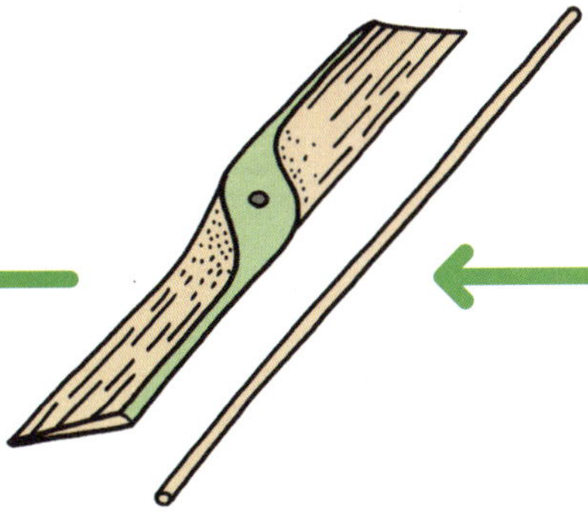

翅膀大功告成啦！再做轴吧！轴粗要稍微大于翅膀中间孔的直径。再将其插入孔中的部分按孔的大小削细一点，然后，插入孔中。

●蜻蜓放飞的方法

将竹蜻蜓的轴放于两手心中间，轻轻地揉搓、旋转，确定两条翅膀不会脱落之后，便用右手用力向外推着旋转，顺势放手。竹蜻蜓飞向空中啦！

左撇子的人削翅膀的斜面是相反的，不过，更容易放飞哦！

小窍门！

翅膀与轴成直角时，才能飞得更高。未成直角时，就重新削一下轴或在孔处用粘胶调节成直角吧！

6 竹筒水枪滋滋滋 春夏秋冬 ★★★

竹子中间是空的，这可是做水枪或气枪的好材料（→9页）。竹筒水枪要做的好，水的射程会相当远，比起买的塑料水枪可好玩多啦！

● **玩儿法**

先在水桶等容器里装满水，把枪筒插至水中约1/2处，然后轻轻向上拉推杆，把水吸入竹筒中。对准目标用力推推杆，哇——水从枪筒射出去啦！好远啊！

● **制作方法**

从竹节处取一段竹子，用锥子在竹节处钻一个孔，就是枪筒了。再用竹子或木头做一个与竹筒内部同样粗的推杆。就ok了！

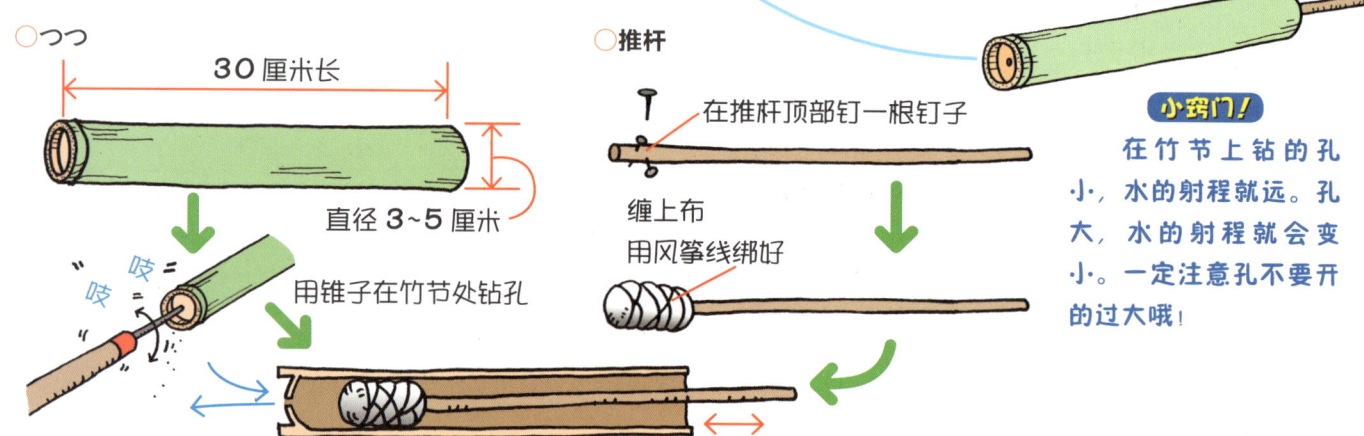

○つつ　30厘米长　直径3~5厘米　用锥子在竹节处钻孔

○推杆　在推杆顶部钉一根钉子　缠上布用风筝线绑好

小窍门！
在竹节上钻的孔小，水的射程就远。孔大，水的射程就会变小。一定注意孔不要开的过大哦！

7 竹筒喷泉呼呼呼 春夏秋冬 ★★★

在 6 中做的水枪筒中装入一个玻璃球，由中间贯通的细竹竿代替木制推杆。

● **制作方法**

推杆（不带节的细竹）

在推杆上先钻好孔

玻璃球

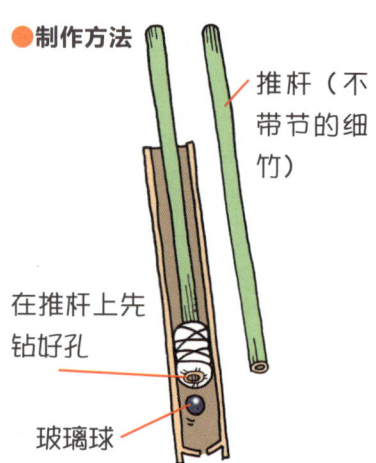

● **玩法**

用手指堵住推杆的孔向上拉推杆，将推杆拉到上端后，从推杆的顶端挪开手指，直接向下推推杆，这时水便由推杆孔向上强力喷射出来。

用手指堵住推杆的孔　推杆向下移动　玻璃球堵住孔　向上拉推杆时，水进入筒内　玻璃球离脱　水从推杆孔强力喷去就像喷泉一样

注：当使用手据或小刀等利器制作玩具时，一定要和成年人一起共同完成。

8 竹筒气枪啪啪啪 春夏秋冬 ★★★

截一段细而硬的竹子，就能制作简单又好玩的气枪了。弹丸就是浸湿了的纸团，安全又刺激！

● **制作方法**

把竹筒（如图）截成两段，带节的一段作手柄。将另一段细竹插入手柄内，用棉布等塞紧，以免脱落。长度以插入手柄内后，比原来的长度短1~2厘米最合适了。

● **玩法**

把湿面巾纸团成的纸球弹丸，用细竹（推杆）慢慢推至竹筒的顶端。当用力推第2个弹丸时，前面的球就会"嗖"地从枪筒中喷射而出。

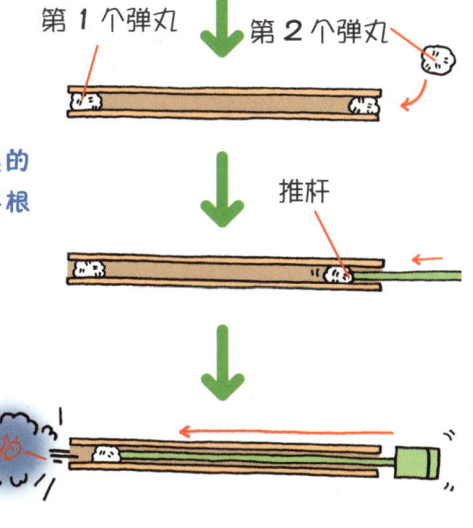

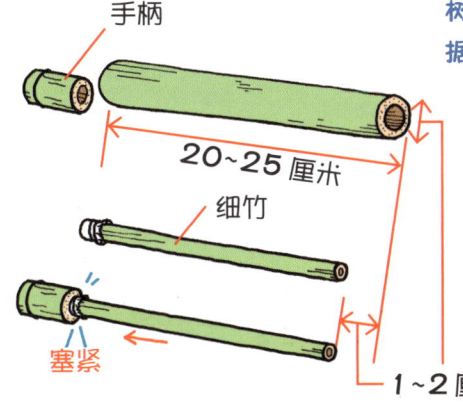

手柄　20~25厘米　细竹　塞紧　1~2厘米

小窍门！

也可以根据不同季节，用不同种类的树木或植物的果实做成弹丸。这时就得根据果实的大小来选择竹子的粗细了。

多试验几次，看怎样放弹丸才能射的更远。

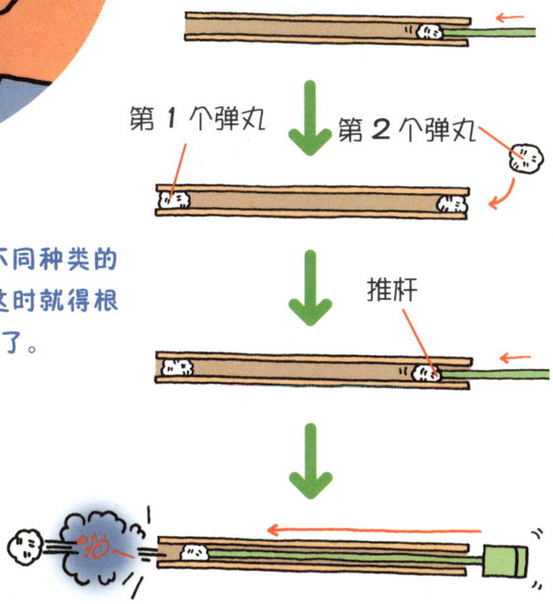

注意： 不要把气枪的弹丸对着人。

小小图鉴 能用作气枪弹丸的果实

栴（zhān）檀

生长在海岸边，花有香味，果实呈橘黄色。落叶后果实还留在树上呢！

杉树

松科常绿乔木，生长在山地，花有雌、雄之分。位于树枝顶端的雄花呈球状，其花粉是造成人们花粉过敏的主要原因。

樟树

常绿大乔木，果实是球形的，到了秋天，就慢慢由绿色变成了黑紫色。

龙牙草

又名仙鹤草、地仙草，根及冬芽都是重要药材。夏季盛开黄色的花，花期结束后形成三角形果实，果实上有带钩的刺，很容易粘在衣服上哦！

❾ 竹制潘笛嘀嘀嘀 春夏秋冬 ★★★

将嘴唇贴在不同粗细或者长短的竹管上面吹，会发出悦耳的响声。要是改变所排列竹管的长度，就能发出不同的响声，很奇妙哦！

● 制作方法

将不同粗细的竹子，保留底部的竹节。排列好后，用绳子绑起来，一件精美的乐器就大功告成了！

小常识！

潘笛是在世界上流行广泛和历史悠久的古乐器。它是以芦苇的茎或竹子等为材料，按音节高低顺序排列而成。

小窍门！

在管的粗度一致的情况下，管的长度减少 1/2 时。发出的音可提高一组音节。很奇妙吧？

❿ 竹制水笛啾啾啾 春夏秋冬 ★★★

还有比潘笛更好玩的呢！在一个放了水的竹桶里吹竹笛时，可响起"啾啾啾"像小鸟唱歌一样的笛声。这就是水笛。动手吧，先准备不同粗细的竹子，把竹桶与竹笛组合在一起就 OK 了。

● 制作方法

先截一段带有竹节的 5 厘米长的竹子，做成一个小竹筒，在离筒底部约 2 厘米处，开一个能插入竹笛的孔，将竹笛插入其中再用黏胶固定好。竹筒内放入水。就 OK 啦！

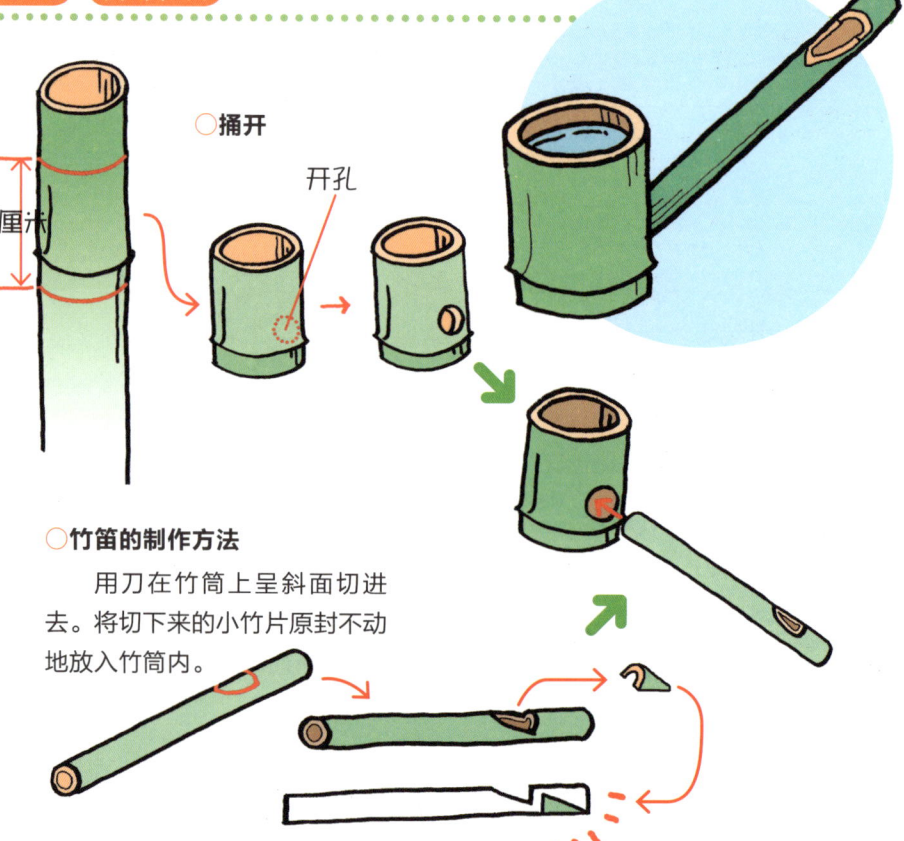

○ 竹笛的制作方法

用刀在竹筒上呈斜面切进去。将切下来的小竹片原封不动地放入竹筒内。

小窍门！

竹筒内水量不同，笛子的音色也不同，分别做一下试试看。是不是很有趣呢？

注意：当使用刀子或者其他利器制作玩具的时候，务必要和家长一起完成。

⑪ 竹制木屐咔嚓嚓 春夏秋冬 ★★★

木屐是日本女孩儿穿的拖鞋。先用较粗的竹子做成木屐，然后穿在脚上走着玩，或进行单腿跳、或跨越地上的石块、木棍等。很有意思的！有没有兴趣体验一下？

● **制作方法**

准备一段直径约 7~10 厘米，并带有两个竹节的竹段，分别从靠近竹节处的下方至上方的 10 厘米处截取两段同样长度的竹段。（如图）在靠近竹节的下端分别开两个 5 毫米左右的孔。把绳的两端分别插入孔中，里面打上结。一双漂亮的竹木屐就做成啦！

● **玩法**

用手提着绳，站在竹木屐上，抬脚的同时，手也一起向上提。行走时，脚可不能脱离木屐呦！

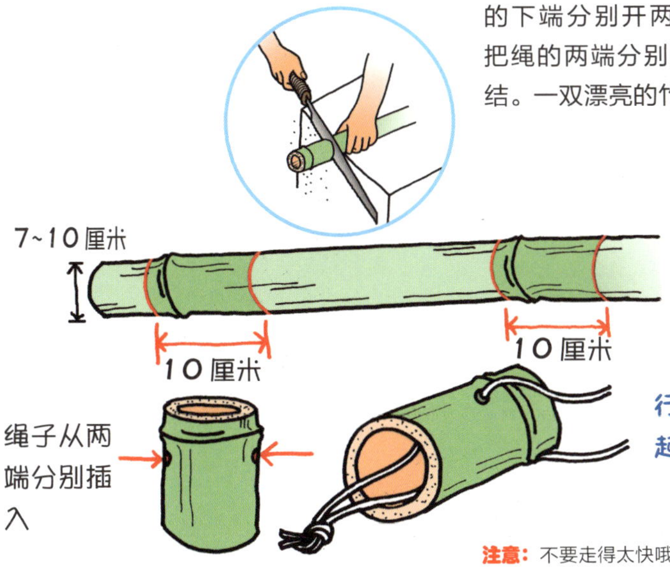

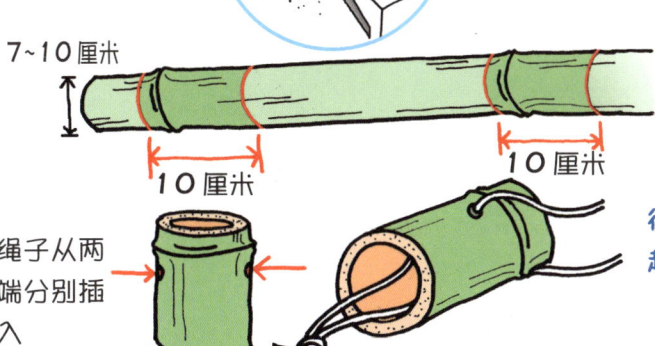

小窍门！
比较低的木屐容易行走。做得太高了，走起来就比较难了。

注意： 不要走得太快哦！以免摔倒。

做做试试！

竹筒魔术绳

做一个暗道机关工艺魔术绳……

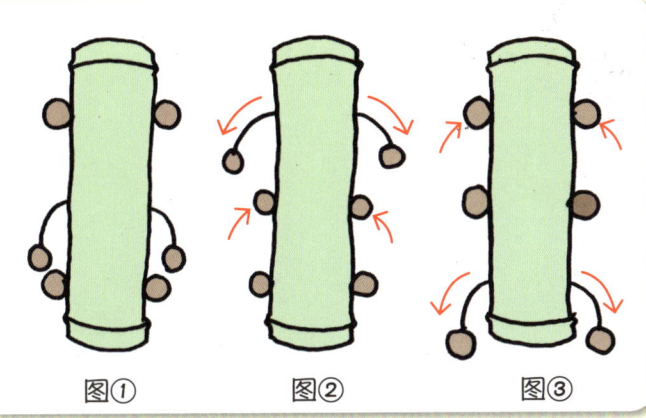

竹筒中共有 6 条绳，中间的两条处于被拉出来的状态（图①）。如果拉上面的两条绳，中间的两条绳即缩回去（图②）；拉下面的两条绳时，上面的就缩回去了（图③）。这到底是怎么回事呢？

● **竹筒里面的暗道机关**

其秘密就在于上、下两段绳与中间的绳相互交织在了一起。

制作方法是：首先穿上中间的一条绳，甩动竹筒，使绳垂下去。在垂下的部分上面穿上下面的绳。倒转竹筒，用同样的方法使绳下垂，使下面的绳穿过中间的绳。这样中间的绳便与上、下两段绳交织在了一起。

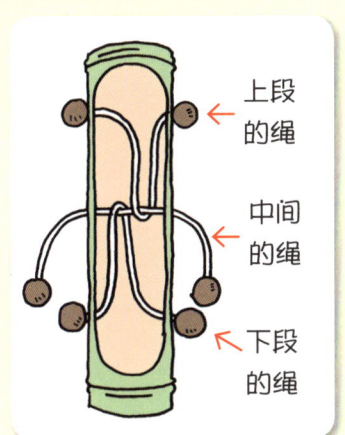

上段的绳
中间的绳
下段的绳

12 黏土铃铛叮叮哝 春夏秋冬 ★★★

你玩过黏土吗？快来体验一下吧！黏土能做成各种玩具，比如小汽车、小椅子、小动物等。田地或池塘干裂土壤的土，也能做成各种清脆的响铃铛，一起动手吧！

● 制作方法

和泥可是个技术活呢！要边和泥，边向土里加水，要使泥团不软不硬。泥和好后，把一块块小手指尖大小的泥块放于两手中间来回滚动，团成一个个小球球，再用面巾纸包好。这样，泥球就做好了。

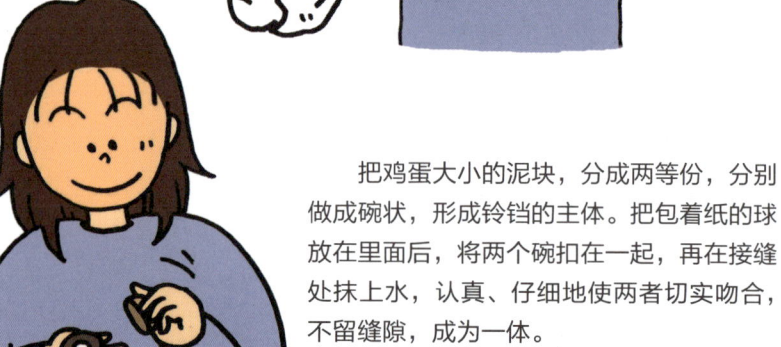

铃铛的球

把鸡蛋大小的泥块，分成两等份，分别做成碗状，形成铃铛的主体。把包着纸的球放在里面后，将两个碗扣在一起，再在接缝处抹上水，认真、仔细地使两者切实吻合，不留缝隙，成为一体。

包泥球的面巾纸在烧制铃铛时，就被一起烧掉了。

把做好的泥球一端用手指捏一块突起，在此处开一个穿绳的孔。

小窍门！

铃铛是否声脆悦耳，球的大小、铃铛厚度、大小及位于底部开口的长短和宽度等都是关键。试着多做几个，掌握要领，才能做得理想哦！不要怕麻烦啊！

大自然的手工课

在穿绳的反面，用刀在上薄片开一个口，长度在全长的 1/3 左右。

铃铛成型后，把开口的一端作为底部，放于平板上，稍微向下压。底面成平面状，坐于平板上，干燥两天。

将已干燥的铃铛放入烧制锅内，放在煤气炉上，锅上压着陶土花盆。经文火烧 10 分钟、中火和强火各烧 20 分钟后，再用茶碗堵上花盆底部的孔，在强火上烧 10 分钟。烧完后静置 10 分钟。

注意：刚烧过的锅，温度很高，为防止烫伤，要垫上较厚的毛巾等。另外，点火时要注意安全。

* 也可用烤鱼网代替烧制锅。

充分冷却后，在穿绳孔里穿绳，一个完整的铃铛就做成了。

用黏土和泥揉泥很有趣！

小常识！

古代把烧制陶器，称为"烧荒"。用柴火烧制陶器，为了防止陶器被烧裂，先用火烤，直至水分全部脱净后，再放入火中烧。照片为在校园里烧荒，进行陶器制作的场景。

大自然的颜色

花草树木的秘密可多啦！挤压植物的花、果实、叶子，就能得到各种颜色的汁液。有的与植物本身颜色一致，有的则完全不同。下面我们来了解各种手工印染艺术，感受自然色彩的魔法吧！

1 拓染 春夏秋冬 ★★★

把花草树叶直接放在要染的布料或纸上，轻轻敲打，哈哈！花草、树叶原有的形状和颜色都被染上啦！记住呦！靛蓝、三叶草、藜（灰菜）和红枫叶的叶汁最容易着色。

● **染色方法**

在工作台上面铺上保鲜膜或塑料布，摆好用来染色的花或树叶，放好纸或棉布，再覆盖一层保鲜膜或塑料布。然后，用缠着布的铁锤或木槌在上面敲打。直至颜色均匀地渗到纸张或布上。染色完成，一切 OK！

*如果用的是新布，先洗一遍比较容易着色。

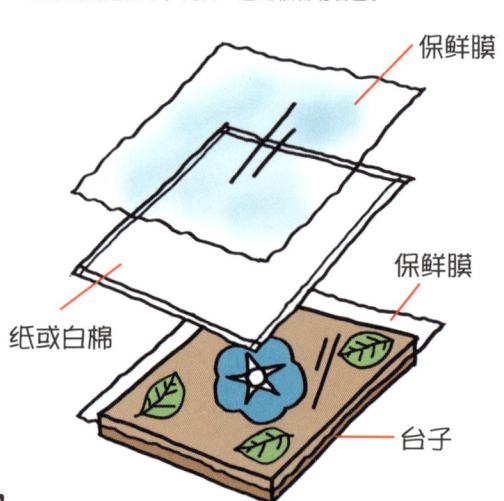

注意哦！敲打时不能用锤子来回蹭，而是轻轻地敲打。

小窍门！

敲打时，如果用力过大，会损坏原来花叶的形状，轻而快速地连续敲打，就像剁蔬菜丁一样，试试吧！

② 印染 `春夏秋冬` ★★★

"镂空纸版染色"是古代传统的手工印染技术。借用纸板模型使可以要染的部分准确着色。

● **染色方法**

把一张厚纸挖出自己喜欢的图案，铺在要染的布上。用纱布把花或果实包上用力揉搓，放在要染色的部位，从上面用力敲打。哈哈！奇迹出现了，要染的部位颜色在慢慢变！变！终于出现理想的效果啦！把纸拿开。是不是很神奇？

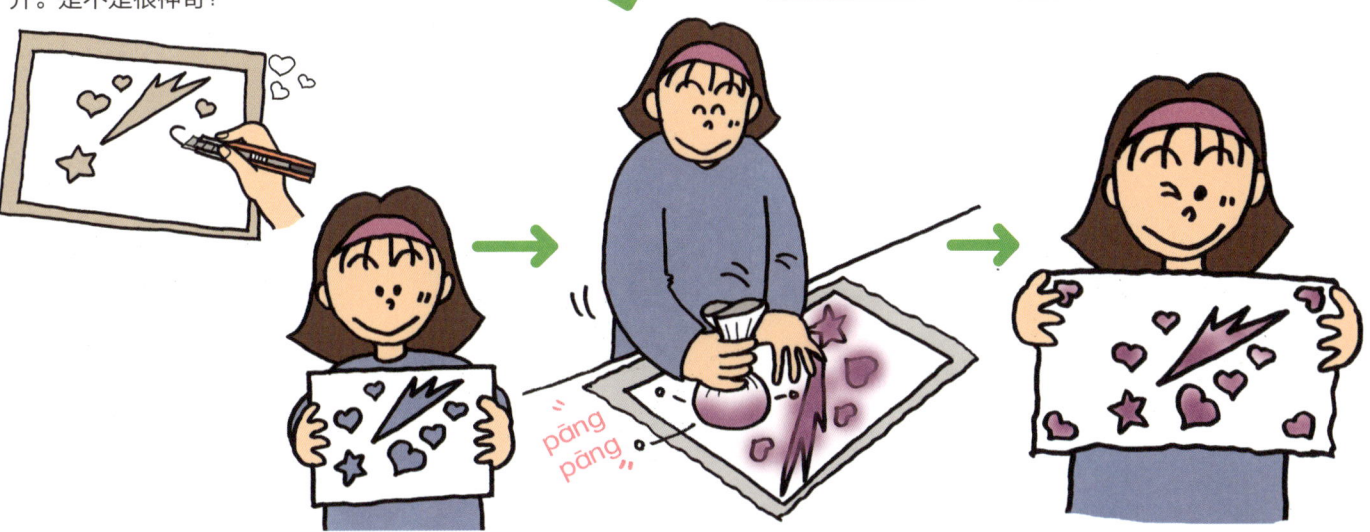

小小图鉴 适合染色的树木及植物果实

垂序商陆

生长于路旁，夏天结紫色果实，果汁可染出漂亮鲜艳的红紫色。

蛇莓

蔷薇科植物，具有药用价值。生长于光照好的草地，开黄花。果实红色，无毒，但不好吃。

栀子

果实为传统中药。古时候就有利用其果实染布的习惯，也可作为食用或药用染色剂使用。

海州常山

花序大，花果美丽，秋季结成深黑色果实，它的果实可以染出正宗黑色。

3 草木染色 春夏秋冬 ★★★

有些草木或树皮可使手帕及T恤衫等着色，再通过固色剂使其保持颜色，可染成自己喜欢的独特色彩。

* 固色剂可促进着色，使色彩更为鲜艳明亮。使用铝制或铁制的染色容器会影响颜色效果。所以最好使用不锈钢或瓷制容器。

栀子皮染出来的颜色

●染色方法

○准备染色原材料

被染色物为100克时，生鲜材料也需100克，将其剪成碎块。

把剁碎的草或树皮煮15~30分钟。

煮出颜色后，用铁丝筐或纱布过滤。

○准备染色布料

为了使染色均匀，事先用温水将布料*浸泡5分钟以上。

○固色剂的做法

将15~20克明矾（中药房有售）放入1升热水中。也可把旧铁钉放入食醋中煮10分钟左右，再放置两个星期即可使用，以一面盆水中放两勺比较合适。

* 纯棉制的植物性布料比动物性布料（绢及毛织品）难于着色，所以先准备一份牛奶和两份水的混合物，将布料放置其中浸泡1小时以上效果更好。

用金棒草花染色时，不用媒染也能染成鲜艳的黄色。

* 需要染成黄色或色彩明亮的颜色时，使用明矾；染成黑色或棕褐色系列时，使用铁制液。

注意：用火时，一定要小心哦！

○ **染布料**

把要染的布料放入染色液中，一边搅拌一边用文火煮 15 分钟以上。

取出布料，用水轻轻冲洗后，置于固色剂溶液中泡 30 分钟左右。

注意： 向固色剂溶液里放布料时，要戴上胶皮手套哦！

经过水洗的布料，在遮阳、通风良好处晾干，染色过程全部结束。大功告成！

● **花色的染法**

（扎染）

先把不需要染色的部位用手揪起，用橡皮筋扎结实。

↑ 用橡皮筋扎住的部位，保留了原来白色。

（夹染）

用夹板夹住保留部分，再用绳将其固定。

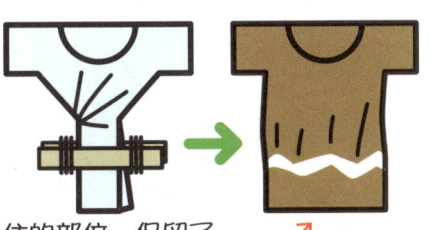

小常识！

古人利用大自然的花草染衣服。例如，用茜草根或红花的花染红色；用栀实染黄色；用紫罗兰根或脉红螺的壳等染紫色；用靛蓝的果实染黑色。

4 黏土染色 春夏秋冬 ★★★

不同地方的黏土颜色也不一样，取一些土回来染一下手帕或毛巾，试试看效果如何？

小常识！
黏土染色是历史悠久的传统染色工艺。"黏土"也写为"彩土"、"黄土"和"埴"，指黄红色黏土之意。古代将黏土涂抹在服装上也可形成花样。

● **染色方法**

取土，去掉杂物，在太阳下晒干。

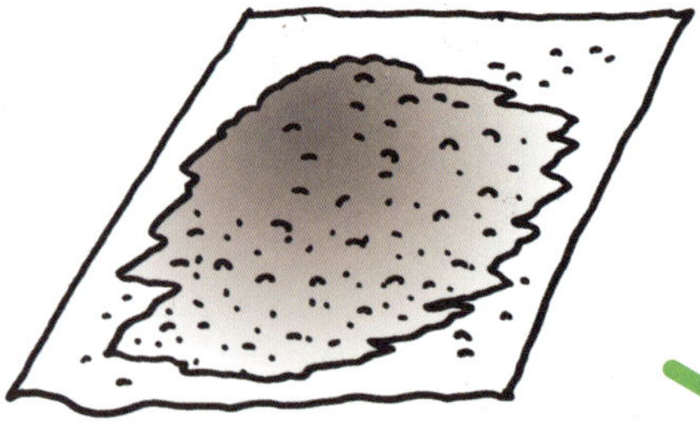

把晒干的土装在布袋里，用锤子砸碎。

取 5 克细土放入 2 升的热水中，充分搅拌。

让细土充分溶解到热水中。

○ **染布前的准备工作**

把要染的布料放入温水中，浸泡 5 分钟以上，使其充分膨胀起来。

把经浸泡膨胀的布料展平，浸入染色液里。

确认染色液已充分渗入布纹内部后，用力把布拧干。

用水冲洗，染布结束。

5 木头彩色项链 春夏秋冬 ★★★

将刚刚剪下的树枝切口浸入染色液中，放置一天左右。第二天切去染色端，会发现染色液已渗入到茎的内部，枝干都变成了好看的颜色，做成漂亮的项链坠一定很独特！

小窍门！
如果使用做点心的食用色素来染色，色彩会更鲜艳，也可用稀释了的红墨水。发掘各种颜色试试看吧！

小常识！
也可把枝干染色用来观察树的水分传导途径实验。通过此法了解水由根部吸入和被传导到叶子中的过程。

6 柿油染纸 春夏秋冬 ★★★

柿油是从涩柿子里攥出的汁。染成的"涩纸"，可做成纸垫或书签。

●**制作方法**
把柿子与少量水掺在一起，放在搅拌机中搅碎或装入塑料袋里压碎。

压碎后直接放入塑料桶等容器中，放置40~50天。

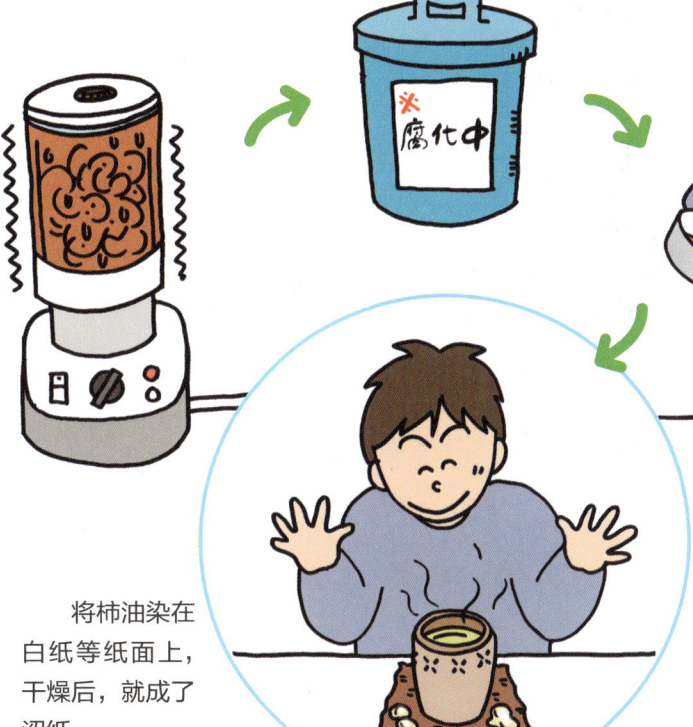

腐化的汁液经过铁丝网或筛子过滤后，就成了柿油。

小常识！
柿油具有防水、防腐、防虫的作用。古时候就有把它涂在渔网、木材上防腐的做法。好的涩纸可保存300年之久呢！

将柿油染在白纸等纸面上，干燥后，就成了涩纸。

小窍门！
榨取柿油用青柿子比较好。

继续往下玩儿

奇特的果实和叶片

我们已经体验了用树木和花草做手工、染东西的乐趣，下面再给你们介绍一些新玩法。一定要试一试，超级好玩！

用七叶树果实吹泡泡

❶ 剥去七叶树果实外壳，将里面白色部分放在茶碗里，并将表皮划破。

❷ 放水直至没过所有的果实，静置一天后，再看，啊！水变成白色了！

❸ 将吸管插入茶碗里吹——"噗噗"——泛起好多气泡儿呢！

● 还有什么果实能吹泡泡呢？一起探索尝试一下吧！
● 将皂荚的果实掐成小块放入水中，静置一天。
● 去掉无忧子果肉的种子，将发黏的果肉部分浸入水中，也能吹出美丽的泡泡呀！

葛藤叶照片

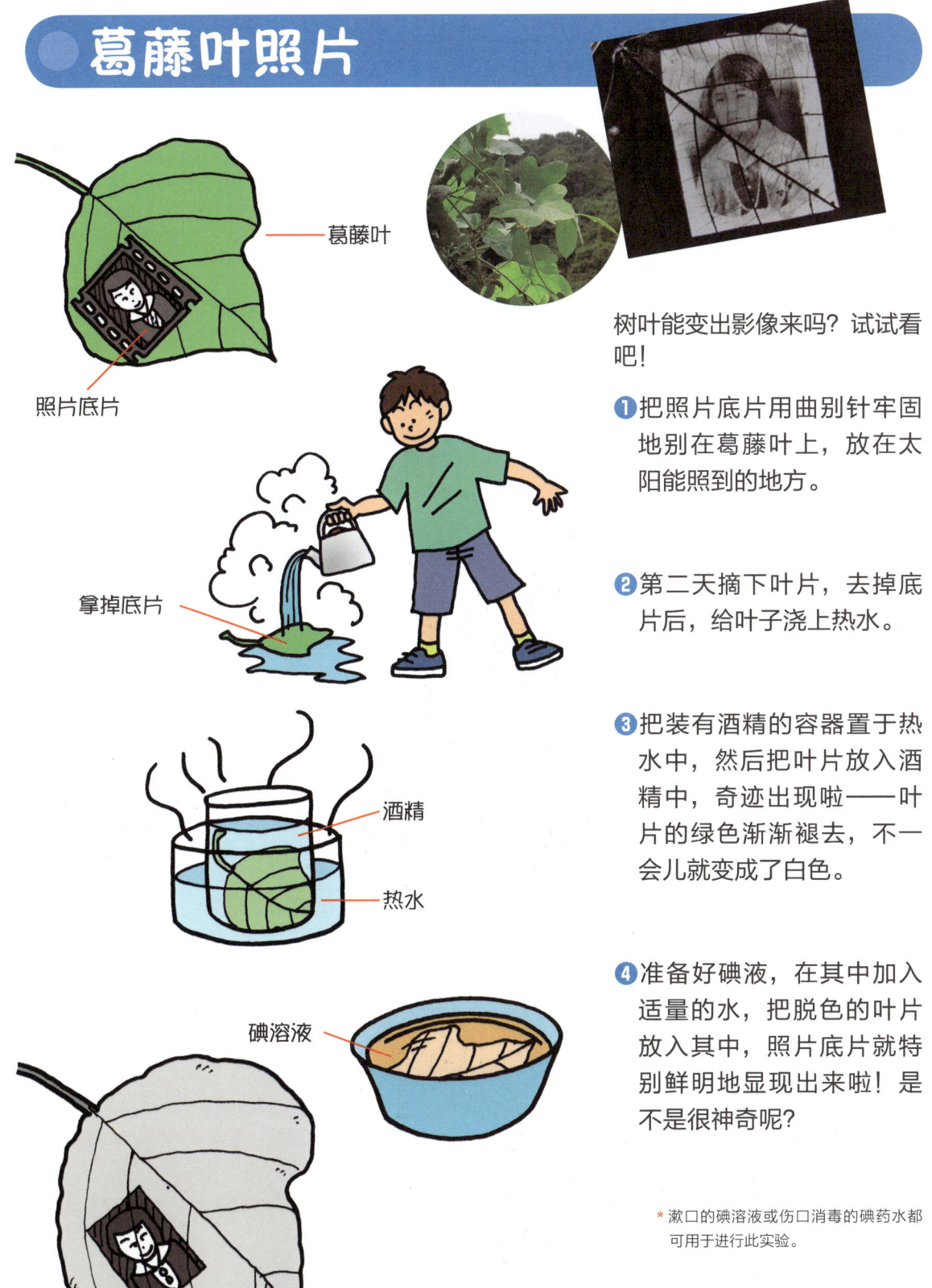

树叶能变出影像来吗？试试看吧！

❶ 把照片底片用曲别针牢固地别在葛藤叶上，放在太阳能照到的地方。

❷ 第二天摘下叶片，去掉底片后，给叶子浇上热水。

❸ 把装有酒精的容器置于热水中，然后把叶片放入酒精中，奇迹出现啦——叶片的绿色渐渐褪去，不一会儿就变成了白色。

❹ 准备好碘液，在其中加入适量的水，把脱色的叶片放入其中，照片底片就特别鲜明地显现出来啦！是不是很神奇呢？

＊漱口的碘溶液或伤口消毒的碘药水都可用于进行此实验。

注意： 浇热水时，注意不要被烫伤！

大自然的味道

除了五谷杂粮，还有一些生长在路边或山上的植物，也都可以吃。这里向大家推荐各种野菜。春天到来时候，一起去品尝大自然的美味吧！而且很有营养呦！

1 品尝千日红 春夏秋冬 ★★★

千日红的花儿是红色的，也称火球花。千日红作为药用植物，有止咳平喘的作用。当我们用嘴吸花基部的花蜜时，会感到丝丝甜意！千日红也可作为花茶饮用。

2 嚼酸模叶 春夏秋冬 ★★★

咀嚼酸模叶时，会发出"咔哧咔哧"的声响，牙齿感觉特别舒服，还有股淡淡的酸味呢！酸模叶的幼芽或幼叶都可以生吃。

③ 吸茅根汁 春夏秋冬 ★★★

在茅根抽穗前，从荚中将穗取出来，放进嘴巴里，慢慢嚼，嗯！味道还不错！越嚼越甜呢！这可是纯天然的甜品！

为已抽穗的茅根。将荚中的穗放入口中。

④ 吃虎杖茎 春夏秋冬 ★★★

虽然"虎杖"的名字里有个虎，其实一点儿也不可怕，还很好吃呢！春天，叶片还没完全长出来的时候茎最好吃。剥去红紫色幼芽皮，直接送到嘴巴里生吃，或用酱、盐腌制后再吃，都很美味哎！

有点儿酸！

⑤ 舔盐肤木果 春夏秋冬 ★★★

盐肤木果实的表面有一层薄薄的白粉，伸出小舌头舔一舔，哇！有咸味儿哦！

小窍门！
盐肤木与漆树同类。摸漆树会发生漆中毒，而盐肤木不会中毒。

小常识！
盐肤木又叫五倍子树，其皮、种子还可榨油。在园林绿化中，可作为观叶、观果的树种。根、叶、花及果均可入药。

小小图鉴 春天七菜

七菜包括水芹、荠菜、鼠曲草、鹅肠草、接骨草、芜青和萝卜。古人喜欢在春天食用这七种野菜，以保健和提高免疫力。

萝卜・荠菜・接骨草・水芹・鼠曲草・芜青・鹅肠草

6 煮野菜 春夏秋冬 ★★★

一般的野菜都会有种酸涩的味道，用开水焯是去除涩味的常用办法。

● **去涩的方法**

先烧开水，依次将野菜的茎、叶迅速放入其中。为了尽量保持野菜的营养成分，焯水的时间不能太久。

> **小窍门！**
> 焯水时，放一点儿盐。会使野菜颜色保持鲜艳。煮过后，要迅速用冷水过一下。

焯水后立即放入冷水中会使野菜色泽保持鲜艳，但有的野菜涩味较重，需要用水浸泡几小时后才能食用。

焯水后可食的野菜

鹅肠草、蒲公英、艾蒿、荠菜、笔头菜、野豌豆、黄花菜等。

> **小窍门！**
> 注意！过度用水冲，会冲淡野菜的天然香味。冲一下就可以啦！

7 凉拌蕨菜 春夏秋冬 ★★★

蕨菜是非常有名的山野菜，春天，可采摘幼芽。经焯水脱涩后，或凉拌，或做锅子，或腌制。一年四季都能吃。

● **蕨菜脱涩的方法**

把蕨菜放在容器中，撒入一把草木灰＊用开水煮过后，盖严盖子放一个晚上，再洗净、控除水分就可以了。

注意： 用火时必须与家长一起做。

＊草或木头烧过后剩下的灰。

8 软炸车前草 春夏秋冬 ★★★

春天，车前草柔软的叶片可以用来炸着吃，裹上面粉，再用油炸后味道很棒！

能炸着吃的可口野菜

水芹、荠菜、艾蒿、紫云英、黄花菜。

9 鱼腥草茶 春夏秋冬 ★★★

6~7月份，采摘开花时节的鱼腥草叶片，洗干净后放在通风良好的阴凉处晾干，直至干燥到"咯吱咯吱"响时，都剁碎了，再用炒勺轻轻焙干。然后就可以冲水喝了！

小窍门！
也可以用同样方法做车前草茶和薄荷茶。

小小图鉴 可以当作食物的野花

油菜花
开花前，采摘带有花蕾的嫩茎，焯水后，可凉拌、煲汤或油炸。

紫云英
带有幼芽或嫩叶的茎可直接炒食，或者用水焯、用油炸后加甜醋凉拌。

钟铃花
生长于山上或野外。6~7月，采摘其花及花蕾，用点过醋的开水焯过后，再用酱油及醋调味凉拌。

樱花
摘取一簇花蕾，用食盐及梅子醋腌制成咸菜，饮用前，取一朵花，放入茶碗里，冲入开水即可。

大自然的馈赠

大自然如此厚爱我们，从春到秋，山里的树上结了好多果实，有的可以直接生吃、有的稍微加工一下，吃起来才有味道。我们试着用自己的双手加工一下吧！会别有风味呦！

❶ 烤橡子小饼干 春夏秋冬 ★★★

把已去掉涩味的橡子粉，用涂了油的炒勺烙一烙，可爱的橡子小饼干就做成了。

● **橡子脱涩的方法**

把剥干净了外皮的橡子，用粉碎机粉碎后，加水放入一个大容器里，记得要放一星期哦！每天换一次水，茶色和浑浊的液体全部换掉为止。然后倒掉上面的清水就可以吃啦！

小窍门！

同样是橡子类，如果用米槠子儿（丝栗麻黄、尖叶栲）或用石柯，不用脱涩就能直接做成小饼干。

注意：用火时必须要注意安全。

怎么有点像干杏仁的味道啊！快来体验一下吧！

❷ 树莓果酱 春夏秋冬 ★★★

树莓生吃味道特别好，你知道吗？要是加入白糖煮还能做成非常好吃的果酱呢！去采集各种树莓果儿，做成各种口味的果酱，请朋友们来品尝吧！

● **做法**

把采来的树莓果儿用水洗干净后，放到锅里。

加入适量的白糖，不要放水哦！用中火至文火加热，直到熬出果汁来。

煮的过程中，要不断用木勺翻动，直至水分耗尽，变得黏稠，树莓酱就做成了。是不是很简单？尝试一下吧！

小小图鉴 可以直接生吃的植物果实

树莓

树莓是一种落叶灌木，初夏时，结出许许多多橙色小核果聚结而成的聚核果，非常甜。

桑葚

春季开花，初夏果实成熟。与树莓果实相似，由许多柔软的小果颗粒聚集而成，酸甜可口，非常好吃。

软枣子猕猴桃

一到夏天，就结成浅黄色的果实，味道儿有点像梨。跟猕猴桃是同一个大家族，很有营养的哦！

山葡萄

秋天果实成熟变成黑紫色，也可将果实干燥做成葡萄干。它们可是睡鼠等动物最喜欢的食物哦！

3 栀黄豆香糯米饭 春夏秋冬 ★★★

把栀子的果实放在水里，过一会儿水就会变成黄色。用这些黄色的水做糯米饭，就能做黄澄澄的豆子糯米饭啦！

栀子花 6~7月　　栀子果实 10~12月

小常识！

在日本，端午节有做"黄饭"的习惯，即用栀子果实染成黄色并加上黑豆的糯米饭。据说栀子果实的黄色可驱魔避邪；黑豆则有祝愿孩子茁壮成长之意。在中国的云南红河地区，哈尼族还保留了过"黄米节"的习俗。

● 糯米饭的做法

糯米、黄豆、栀子果实的比例为 10：1：2。将栀子果实的皮稍微划开后泡入水中。

糯米洗净泡水，黄豆浸泡一夜膨大后，煮软煮烂。

把充分膨胀后的糯米与黄豆放在一起，搅拌均匀，放入蒸锅蒸。

在蒸饭过程中，要分几次把掺入了少量盐的栀子黄水儿掸在 * 蒸饭上，栀子的黄色豆子糯米饭就可以出锅了。嗯！好香啊！

* 目的是使米饭更松软，可口、好吃。

注意：在使用火的时候，务必要和成年人一起加工制作。

大自然的馈赠

做做试试！
石花菜做凉粉

凉粉的原料是海草的同类——石花菜。利用在海岸边采来的石花菜，学着做凉粉吧！

刚打捞的石花菜

晾干的石花菜，可直接保存。

取适量石花菜，反复冲洗，去掉杂质及砂砾。

在锅里放足水，将攥掉水的石花菜和适量的醋 * 放入锅中，强火加热。开锅后转文火煮 30 分钟左右。

* 放醋，石花菜易溶解。以 1 升水中约放 10 毫升左右醋为宜。

石花菜全部溶解变成黏糊状后，停火。在铁网筐里垫上漂白布，进行过滤。

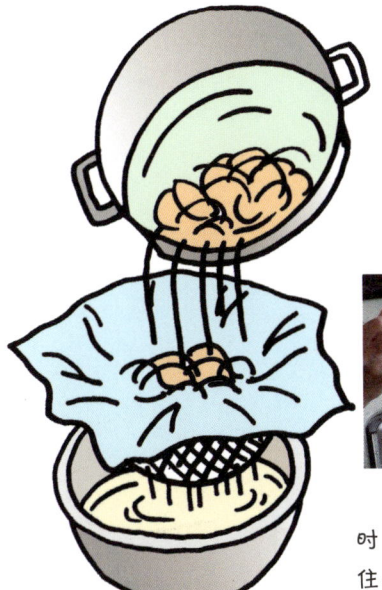

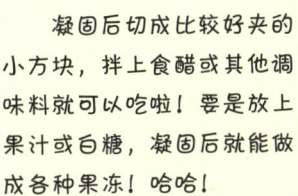

因为热，挤压时要用卫生筷子夹住布进行 *。

注意：溶解了的石花菜特别热，所以应注意不要被烫伤。

将滤过的石花菜液倒入搪瓷盆或塑料盒内，冷却、凝固。

凝固后切成比较好夹的小方块，拌上食醋或其他调味料就可以吃啦！要是放上果汁或白糖，凝固后就能做成各种果冻！哈哈！

* 煮过的石花菜凝固成块状，即成胶冻。冷冻、干燥后的胶冻又称为琼脂。超市卖的琼脂，主要原料就是石花菜，也有麒麟菜等海藻精华。

在"体验自然 启迪智慧"五大游戏系列中能够体验的例子

通过在自然中玩游戏来刺激我们的五官感觉,从而认知周围的世界,丰富我们的生活,尤其对于孩子们来说,感觉器官得到充分的锻炼,大脑各部分就会积极活跃,孩子自然聪明伶俐。

这套丛书介绍了许多在大自然中通过看、听、嗅、尝和触等各种方式来进行的游戏,以触觉为例,通过书中介绍的与动植物等自然环境有关的游戏,小朋友们可以体验到以下的感觉。

感觉	动物	植物	其他
黏滑(黏液)	鲫鱼、泥鳅、海参、小蝌蚪等鱼类和水生动物	裙带菜、海带、果囊马尾藻	黏土、山药块茎
黏胶 粘手		松脂、山药、蕨菜等能提取淀粉的根或茎	
光溜 滑溜	鼻涕虫、蜘蛛网	毛毡苔	槲寄生果实的汁液
粗糙 粗涩	草蜥、鲨鱼皮、猫舌	糙叶树、光叶榉树、玉米叶子	沙画
表面溜光	贝壳里面、独角仙、楸形甲虫、金龟子	植物果实、山茶、八角金盘的叶	附着海藻类的岩石
刺痛	海胆	苍耳、仙人掌、栗子的带刺外壳	
轻飘飘 暄腾腾	鸟的胸毛	白茅的穗、蒲公英的冠毛	
坚硬 凸凹不平	小龙虾、龟、海螺	树皮	岩石
干爽爽 沙棱棱			新降的雪、沙
热			日光照射的岩石、海滨沙滩的沙子
凉			雪、冰、冰柱

大自然物种的种类和体验

以动植物为代表的自然物包括石头、土等许多类型。通过各种的自然物可进行如下的体验

体验石头	●投石头 ●堆石头 ●寻找美丽的石头 ●用石头书写 ●在石头上涂画
体验土	●触摸土 ●土的温热和冷凉 ●挖土 ●和泥 ●制作陶器
体验水	●雨水淋浴 ●饮山泉 ●打水仗 ●浮在水面 ●海中游泳 ●过河
体验树	●触摸树 ●闻树的气味 ●收集树叶和果实 ●熟练使用木棒 ●树木 ●竹子 ●用果实做玩具
体验草	●在草丛中散步 ●拔草 ●掐草 ●闻草香 ●食草(吃野菜) ●用草游戏
体验火	●感觉热度 ●闻焦糊味 ●烟气熏人 ●点火 ●保持火种 ●灭火
体验生物	●捉拿 ●触摸 ●闻味 ●饲养 ●观看 ●听声音 ●食用
体验空白	●在黑暗中行走 ●看日出 ●林中行走 ●赏月 ●观看波浪 ●眺望大海

蓝色文字是可以在本卷中可以体验的内容

专家推荐：32件孩子在10岁前应做的事

1. 在草地上打滚
2. 玩泥巴
3. 用面团捏小玩意儿
4. 采集青蛙卵
5. 用花瓣制作"香水"
6. 在阳台上种花
7. 用硬纸板做面具
8. 用沙子堆城堡
9. 爬树
10. 在院子里挖个洞穴
11. 尽情作画
12. 自己搞一次野餐
13. 用颜料在脸上画鬼脸
14. 用沙子"埋住"自己
15. 做面包
16. 创作一个泥雕
17. 堆雪人
18. 参加一次"探险"
19. 在院子里露营
20. 烘蛋糕
21. 养小动物
22. 采草莓
23. 玩丢棍棒游戏
24. 能认出5种鸟类
25. 捉小虫子
26. 骑自行车穿过泥水坑
27. 做一个风筝并放上天
28. 用草和小树枝搭一个"窝"
29. 在公园找十种不同的叶子
30. 和人小小地打一架
31. 种菜
32. 为父母做早饭并摆到餐桌上

*摘自人民网教育频道

图书在版编目（CIP）数据

自然大恩惠/（日）山田卓三主编；李同华，钟国安，钟华译．
—北京：中国农业科学技术出版社，2012.9
（体验自然启迪智慧五大游戏系列）
ISBN 978-7-5116-1064-5

Ⅰ．①自…　Ⅱ．①山…②李…③钟…④钟…　Ⅲ．①游戏—少儿读物
Ⅳ．①G898-49

中国版本图书馆CIP数据核字（2012）第203455号

GOKAN WO MIGAKU ASOBI SERIES 5 SHIZEN NO OKURIMONO
© Takuzo Yamada, Eiji Okuyama, KODOMO KURABU.
Originally published in Japan in 2011 by Rural Culture Association Japan
(NOSAN GYOSON BUNKA KYOKAI).
Chinese (in simplified character only) translation rights arranged
through TOHAN CORPORATION, TOKYO.

本书的中文简体版本经日本农山渔村文化协会授权，由中国农业科学技术出版社独家出版发行，本书内容未经出版者书面许可，不得以任何方式或者手段复制传播。

作　　者	山田　卓三（主编）　奥山　英治（绘）
翻　　译	李同华　钟国安　钟华
出版策划	穆玉红
责任编辑	李　雪
特约审读	朱　绯　薛桂霞　董海霞　史咏竹
责任校对	贾晓红
出 版 者	中国农业科学技术出版社 北京市中关村南大街12号　邮编：100081
团购热线	010-82106626　82109707
电　　话	（010）82106626（编辑室）（010）82109703（发行部）
传　　真	（010）82109707
网　　址	http://www.castp.cn
经　　销	全国各地新华书店
印　　刷	北京富泰印刷有限责任公司
开　　本	850 mm×1 192 mm　1/16
印　　张	2
字　　数	50千字
版　　次	2012年10月第1版　2012年10月第1次印刷
定　　价	75.00元（全五册）

版权所有·侵权必究